HISTOIRE POPULAIRE

DE

PONTOISE

HISTOIRE POPULAIRE

DE

PONTOISE

PAR

J. DEPOIN

Secrétaire général de la Société Historique du Vexin
Secrétaire général honoraire de l'Association Philotechnique
Président de l'Institut Sténographique
Officier d'Académie

PRÉCÉDÉE D'UNE PRÉFACE

Par HENRI LE CHARPENTIER

PONTOISE
TYPOGRAPHIE AMÉDÉE PARIS
1889

PRÉFACE

Par HENRI LE CHARPENTIER

Nous avons très souvent entendu exprimer, par un grand nombre de nos concitoyens, le regret de ne pas posséder, sous une forme concise et abrégée, une *Histoire de Pontoise*, c'est-à-dire un livre peu volumineux et peu coûteux à la fois, et qui cependant contînt le récit succinct, mais aussi complet que possible, des événements dont cette ville a été le théâtre; l'histoire de ses monuments; l'indication des hommes célèbres auxquels elle a donné le jour; etc., etc.

C'est dans le but de combler cette lacune que nous publions ce précis historique.

Mais nous l'avons fait d'abord, et avant tout, en vue d'instruire les élèves de nos écoles : l'histoire de son pays est souvent celle que l'on connaît le moins.

Si l'étude de l'histoire générale de la France est devenue actuellement une nécessité, il n'est pas moins indispensable de savoir quel a été le passé, soit de sa ville natale, soit de celle où l'on a été élevé; quel rôle elle a joué dans les grandes phases de notre histoire nationale; quelles ont été ses origines, ses commencements, ses progrès, ses malheurs et ses gloires.

L'étude de l'histoire locale ou communale ne peut, on le comprend, faute de livres scolaires spéciaux, être généralisée;

elle peut et elle doit pourtant faire partie du programme de l'enseignement primaire de certaines villes, surtout lorsque ces villes possèdent un passé historique semblable à celui de la cité Pontoisienne, qui a vu se succéder dans ses murs les Normands, les Anglais, la Ligue, la Fronde, les Parlements, et qui a été le séjour de saint Louis, de Louis XIV et de tant d'autres rois.

D'autre part, un grand nombre de personnes, qui ne peuvent se procurer et étudier, comme elles en auraient le désir, les publications spéciales faites depuis quelques années sur diverses périodes de l'histoire de Pontoise, feront aussi, croyons-nous, un bon accueil à un livre qui leur présentera un résumé historique susceptible de les intéresser, et cela sans forcer le lecteur à entrer dans de trop longs détails archéologiques, quelquefois un peu arides.

Notre petit ouvrage sera donc une histoire populaire et un livre classique en même temps ; un livre d'étude et non un traité de polémiste ; enfin, une publication accessible à tous et pouvant être mise dans toutes les mains.

H. L. C.

INTRODUCTION

L'HISTOIRE LOCALE ET LES SOURCES DE L'HISTOIRE DE PONTOISE

Conférence d'ouverture faite à l'Hôtel-de-Ville de Pontoise le 12 Janvier 1887

L'Association Philotechnique de Seine-et-Oise, fondée par un groupe d'hommes dévoués aux idées de progrès en matière d'enseignement, a voulu témoigner une fois de plus de son esprit large et ouvert à d'utiles innovations, en créant, la première entre les associations similaires répandues en France, un cours d'*histoire locale.* Mais, il faut se hâter de le reconnaître, si pour le moment elle marche à l'avant-garde sur ce terrain, le zèle des infatigables travailleurs glanant dans les champs du passé les glorieux souvenirs qui gisent de toutes parts, ne la laissera pas longtemps isolée.

En effet, l'histoire du lieu natal, du sol où nous attachent nos affections, est de toutes celle qui nous est naturellement la plus chère, celle qui tient aux fibres les plus intimes de notre être ; elle évoque la mémoire de ceux qui ne sont plus, mais qui vivent encore dans la pensée de leurs petits-fils ; de cette longue suite d'ancêtres dont la cendre, suivant le mot vigoureux d'Young, se retrouve dans chaque grain de poussière de la terre que nous foulons.

Plus me plaît le pays qu'ont bâti mes aïeux
Que des palais romains le front audacieux.

Ces paroles d'un poète de la pléiade, Joachim du Bellay, ont servi d'épigraphe aux *Recherches historiques sur Pontoise* de M. Trou. Elles pourraient être la nôtre, et pour évoquer une autre muse, nous redirons avec le chantre des *Harmonies :*

Là mon cœur en tout lieu, se retrouve lui-même ;
Tout s'y souvient de moi, tout m'y connaît, tout m'aime ;
Mon œil trouve un ami dans tout cet horizon ;
Chaque arbre a son histoire et chaque pierre un nom.

L'amour du pays natal n'a rien de commun avec ce sentiment étroit, mesquin, égoïste, qu'on a défini *l'esprit de clocher,* et qui n'est guère le plus souvent qu'un composé de rancunes jalouses et invétérées contre le clocher du voisin. Les haines entre pays limitrophes sont malheureusement trop fréquentes ; il y en eut de célèbres, et sans remonter à l'histoire d'Israël ou aux temps héroïques, les exemples ne manqueraient pas de nos jours. On sait pour quel motif il a fallu construire la gare de Saint-Malo-Saint-Servan à mi-route entre ces deux villes. Charles Deulin a consacré ses contes les plus gais à narrer les épisodes mémorables de la guerre des Valenciennois et des Condéens et les mésaventures cruelles dont ces derniers étaient victimes lorsqu'ils se hasardaient à sortir de ce que la jalousie valenciennoise appelait leur *boîte à cailloux.* Qui n'a entendu parler des quolibets dont s'accablent tour à tour les Picards et les Beauvaisins ? Sur la frontière des deux provinces, on se traite mutuellement d'*oisons* et de *bêtes de Somme.* Sans sortir de ce pays, c'est ainsi qu'aux siècles passés le Vexin Français et le Vexin Normand étaient loin d'être en d'excellents termes. Au temps de la Ligue, c'était faire une mortelle injure à un Pontoisien que de le traiter de Normand.

La Société Historique de Pontoise célébrait naguère à Gisors, dans la capitale de l'autre Vexin, une fête de réconciliation, mais on n'en évoquait pas moins les échos des luttes antiques, et dans une intime causerie, le président de la Société, M. Seré-Depoin, et le député de l'Eure, M. Louis Passy, se disaient l'un à l'autre : « Si nous trouvons dans votre histoire locale que vous nous avez un jour chatouillé les côtes, tournez la page : vous verrez que les horions de la veille, nous les avons rendus avec usure le lendemain. »

Hâtons-nous d'ajouter que ces recherches rétrospectives ont surtout pour effet de nous amener à nous féliciter du changement survenu.

Les progrès de la civilisation matérielle, en annihilant les distances, en détruisant partout les goûts casaniers, en fondant constamment les provinces les unes avec les autres, ont éteint les vieilles rancœurs.

L'amour du pays natal reste une pure et délicate affection qui prend sa source dans les sentiments les plus légitimes de la nature. S'il y entre un grain d'amour-propre, comme c'est peut-être le cas pour nous, qui avons un passé fécond en gloires, faut-il se montrer si rigoureux? Pourquoi blâmer cet orgueil rétrospectif lorsqu'il ne tourne pas à la gasconnade? A l'instar du bon cordelier Taillepied, oubliant ainsi le conseil qu'il se donnait à lui-même de ne pas faire « d'un bidet un éléphant », nous n'irons pas chercher dans les archives fabuleuses de Babylone, un roi Belgius, vivant du temps de Moïse et d'Aaron, pour lui faire honneur de la fondation de Pontoise; nos annales sont assez riches en événements célèbres pour nous contenter de notre propre fonds.

Nous nous en convaincrons en feuilletant ensemble nos vieilles chroniques locales et en étudiant le passé militaire, administratif et politique de Pontoise et le rôle important qu'elle a joué comme capitale du Vexin, dans l'histoire générale de France.

Nous verrons tour à tour les luttes patriotiques des Vellocasses contre César, la naissance du commerce de la région sous l'influence des moines de Saint-Denis au temps de Dagobert et de Charlemagne, la puissance féodale des comtes de Pontoise, descendants de Pépin d'Héristal; le rôle de la noblesse vexinoise dans les Croisades et dans la grande épopée de la conquête de l'Angleterre; les guerres sanglantes du moyen âge; Philippe-Auguste entourant Pontoise d'une ceinture fortifiée et donnant à la ville ses franchises municipales; la reine Blanche construisant Maubuisson; saint Louis élevant l'Hôtel-Dieu et Notre-Dame et faisant vœu à Pontoise de se croiser; les trop célèbres malheurs domestiques de la famille de Philippe le Bel; la guerre de Cent Ans avec les nombreuses prises et reprises de Pontoise; la Ligue, chaudement servie par nos aïeux; le siège de Pontoise par Henri IV; nous parcourrons enfin l'histoire civile et municipale de Pontoise depuis le moyen âge jusqu'à la Révolution.

Nous n'oublierons pas les points importants de l'histoire religieuse du pays, la description de ses monuments, la biographie de ses grands hommes.

Mais avant de retracer cette histoire, dire quelques mots des sources où nous l'avons puisée peut sembler nécessaire.

Ces sources sont de deux natures : les documents manuscrits conservés dans nos archives municipales, hospitalières et notariales, dans les dépôts de Paris, de Versailles et de Rouen, ou dans certaines collections particulières; et les ouvrages imprimés, dus à la plume de quelques fervents de notre histoire locale. A ceux-ci, nos prédécesseurs, il est juste de rendre hommage en rappelant en peu de mots leurs titres à notre reconnaissance.

Le premier en date est Noël Taillepied, cordelier, dont l'ouvrage : *Antiquitez et singularitez de Pontoise,* a été réédité avec tant de soin par MM. Le Charpentier et François.

Sorti d'une ancienne famille du Vexin, Noël Taillepied entra dans les ordres et conquit le titre de docteur en théologie de la Faculté de Paris, titre qui ne s'obtenait alors qu'après dix ans d'études. Il exerça huit ans la charge de lecteur en théologie au couvent renommé des Cordeliers de Pontoise, qui fut plus tard le lieu choisi pour les assemblées générales du clergé de France, pour le sacre de Bossuet et pour les réunions solennelles du Parlement exilé. Là, Taillepied composa beaucoup d'ouvrages importants de philosophie, d'histoire et de théologie, notamment l'*Histoire des Druides,* pleine d'anecdotes piquantes et souvent gauloises plus peut-être qu'authentiques; et aussi les *Antiquités de Rouen,* qui donnèrent lieu à ce quatrain d'un poète rouennais, Jacques Le Gras, dont on saisira la pointe en se rappelant la haine héréditaire dont nous parlions tout à l'heure :

Ce Cordelier, de Pontoise la fleur,
Extolle (exalte) tant de Roüen la valeur,
Qu'il vous prendra doresnavant envie,
Beaux Pontoisiens, que Normands on vous die!

Noël Taillepied mourut à Rouen le 13 novembre 1589, deux ans après avoir publié les *Antiquitez et singularitez de Pontoise.* Dans ce livre, il a su peindre les mœurs et pour ainsi dire *photographier* son époque : on y trouve la description des monuments, des institutions, des usages de Pontoise au XVIe siècle, tracée avec autant de fidélité que de naïve bonhomie.

Au XVIIe siècle, quelques écrivains ont laissé sur Pontoise des œuvres imprimées, comme Denyaud, curé de Gisors, et Deslyons, doyen de Senlis, ou manuscrites, comme le bénédictin Dom Estiennot, l'érudit annaliste des monastères de Saint-Martin et de Maubuisson.

Au XVIIIe siècle, nos principaux historiens sont le président Lévrier, rédacteur d'une volumineuse compilation sur les origines politiques du Vexin Français, l'abbé Duval et Pihan de la Forest.

Louis Duval, curé de Notre-Dame, mort en 1738, a publié un *Abrégé des Antiquitez de Pontoise,* dont la seconde partie, consacrée aux hommes célèbres nés dans cette ville, est une source précieuse de renseignements sur nos illustrations locales.

Paul-François Pihan de la Forest, magistrat éminent, avait exercé avant la Révolution plusieurs charges importantes, notamment celle de subdélégué (nous dirions aujourd'hui sous-préfet). Il fut, sous le premier Empire, procureur impérial à Pontoise, où il mourut le 16 mars 1810. Pendant la Terreur, il sauva, au péril de sa vie, une quantité considérable de documents anciens que la Convention avait ordonné de brûler sur la place publique, en haine des traditions de la féodalité. Il a laissé beaucoup de manuscrits historiques, que ses petits-enfants ont légués à la Bibliothèque de la Ville et dont l'abbé Laurence a publié des extraits sous le titre de *Lectures sur Pontoise.*

L'abbé Denis Trou, aumônier des Carmélites, composa en 1841 des *Recherches historiques sur Pontoise.* Cet ouvrage assez important est le seul travail d'ensemble que nous possédions encore sur le passé de notre ville ; il est d'une lecture facile, mais on lui reproche à juste titre des inexactitudes dues à l'insuffisance et au défaut de contrôle des documents utilisés par cet auteur. L'abbé Trou eût certainement refondu et complété son œuvre si la mort ne l'eût emporté dans la force de l'âge, le 5 novembre 1856.

Cette fatalité douloureuse a pesé aussi, et d'une manière bien cruelle, sur les deux derniers historiens de notre pays, tous deux fondateurs de la Société Historique du Vexin, tous deux prématurément ravis à la science à quelques semaines d'intervalle, Henri Le Charpentier le 28 janvier, et Léon Thomas le 8 mars 1884.

Léon Thomas, écrivain consciencieux et modeste, a laissé des travaux dignes d'un véritable bénédictin. En dehors de ses *Chroniques rétrospectives sur Pontoise* et de plusieurs publications sur l'histoire de l'Hôtel-Dieu, dont il était administrateur, il a laissé deux livres qui resteront et auxquels il semble impossible de rien ajouter que les compléments annuels dont sont susceptibles ces sortes de recueils : une *Bibliographie* signalant près de 1,300 ouvrages ou pièces imprimées sur notre ville, et la *Numismatique et Sigillographie pontoisienne,* où tout ce qui concerne nos monnaies et nos sceaux se trouve réuni.

Henri Le Charpentier avait au plus haut degré l'amour et le culte de sa ville natale. Il avait consacré les plus belles années de sa vie à recueillir et à publier des documents sur l'histoire de son pays. L'œuvre qu'il a laissée est considérable; nous citerons seulement la réimpression avec une notice bio-bibliographique très détaillée, des *Antiquitez* de Taillepied; *la Ligue à Pontoise*, ouvrage d'une importance capitale sur les guerres religieuses du XVIe siècle, qui valut à l'auteur le prix Comartin et les palmes académiques; la publication avec M. Fitan du *Journal d'un Bourgeois de Gisors;* le *Calendrier historique*, recueil d'éphémérides pontoisiennes pour tous les jours de l'année; une histoire des *Jésuites de Pontoise*, et beaucoup d'autres publications toujours inspirées du même sentiment, « une passion profonde et réfléchie pour le passé glorieux de sa patrie. »

Ainsi s'exprimait, sur sa tombe, la voix autorisée de l'inspecteur général de l'Université, M. Eugène Rendu, et nous ne saurions mieux terminer cette introduction que par les belles paroles que l'éminent orateur consacrait à l'ouvrage dont une pensée pieuse nous a fait reprendre le plan :

« Henri Le Charpentier avait mis la main à un ouvrage dont il m'avait plusieurs fois entretenu, une *Histoire de Pontoise*, à l'usage des écoles de l'arrondissement. Dans cet ouvrage, l'auteur eût initié les enfants de nos écoles à l'étude des faits intéressants de l'histoire de notre région. Il se proposait, dans une pensée à la fois très élevée et très pratique, de leur inspirer l'attachement au foyer, le culte du sol paternel; le respect réfléchi des traditions morales et religieuses, qui, en restant le charme de l'enfance, deviennent le guide de l'âge mûr; cet amour, en un mot, du lieu natal — cette patrie restreinte — qui provoque et alimente l'amour de la grande patrie, et qui inspirera à la génération qui s'élève l'esprit de dévouement et, s'il le faut, l'esprit de sacrifice à la France. »

HISTOIRE POPULAIRE

DE

PONTOISE

I

GÉOGRAPHIE

I. TOPOGRAPHIE. — La ville de Pontoise, chef-lieu d'arrondissement du département de Seine-et-Oise, ancienne capitale du Vexin français, est située par 49° 3' 5" de latitude Nord et 0° 14' 23" de longitude Ouest, au méridien de Paris. Son altitude, au bord de l'Oise, est à 20 mètres au-dessus du niveau de la mer. Elle est distante de Paris de 32 k. 5 par la route nationale n° 14, de Paris au Havre, et seulement de 29 k. 4 par la ligne du Nord. Elle est distante de 28 kil. Nord de Versailles et 34 kil. par la route nationale n° 184. La superficie de son territoire est de 727 hectares, et sa population est de 7,192 habitants, d'après le recensement de 1886.

C'est la principale des cinq localités de France qui portent ce nom. (1)

II. Hydrographie. — Pontoise est situé au confluent de la Viosne, petit cours d'eau de 27 kilomètres, qui prend sa source au château du Bouleaume, commune de Lierville, près de la Ville-Tertre, avec l'Oise, important affluent de la Seine, dont le cours, de la province belge de Namur jusqu'à Conflans-Sainte-Honorine, est de 288 kilomètres. L'Oise est flottable de Beautor à Chauny sur 20 kil., et navigable de Chauny à Conflans sur 159 kil. Elle est canalisée sur 104 kil., de Janville à la Seine. Sa profondeur est en moyenne de 2 mètres, mais elle atteint sur sa plus grande étendue jusqu'à 3 mètres 50.

III. Orographie. — Pontoise est construit en amphithéâtre, sur une colline d'environ 40 mètres de hauteur moyenne, atteignant 55 mètres (75 mèt. d'altitude) au plateau du Cimetière. Les deux principales éminences qui couronnent cette colline s'appelaient autrefois le Château-Belger (quartier de l'Hermitage) et le Mont-Bélien où fut construit le château de Pontoise. Le sol est entièrement sillonné de plusieurs étages de caves formées par d'anciennes galeries des carrières qui ont servi à bâtir la ville.

IV. Géologie. — Le sol de Pontoise et de son arrondissement est en général composé de terres végétales, argileuses ou sablonneuses, reposant sur des masses calcaires; les terrains d'alluvion se rencontrent seulement dans la vallée de Montmorency. Les grès et les sables marins supérieurs forment le sommet des collines. Les sables inférieurs de la vallée de l'Oise s'amincissent en s'approchant de Pontoise ; l'argile plastique présente quelques affleurements; les marnes des

(1) Pontoise, commune de 470 hab., canton de Noyon (Oise); Pontoise, hameau de 180 hab., commune de Firminy (Loire), omis par le *Dictionnaire des Postes* de 1884; Pontoise, écart de 15 hab., commune de Gréoux (Basses-Alpes); Pontoise, écart de 17 hab., commune de Montfaucon (Aisne).

La carte d'état-major ne mentionne pas le Pontoise, hameau de Clermont (Haute-Garonne), indiqué par les anciens dictionnaires des postes, mais elle signale dans le voisinage un écart appelé Puntis.

sables grossiers sont visibles presque partout au-dessous des sables moyens.

De Pontoise à Osny, on voit, entre les marnes supérieures du calcaire grossier et le calcaire d'eau douce inférieur, les affleurements du sable; plusieurs carrières de grès ont été ouvertes de ce côté. Les sables, les grès et le calcaire renferment en grand nombre les coquilles fossiles du terrain parisien (univalves et bivalves); on y trouve aussi les grands animaux de la faune tertiaire.

II

ORIGINES ETHNOGRAPHIQUES ET POLITIQUES

Pontoise, en latin *Pontisara (Pons Isaræ)*, a pris son nom d'un pont construit sur l'Oise (en latin *Isa* ou *Isara*, d'une racine analogue à l'allemand *eis* et à l'anglais *ice*, eau glacée).

Au temps des Gaulois, et à l'époque de la conquête romaine, on traversait la rivière en tête de l'île Saint-Martin, à l'endroit où venait aboutir la voie de Paris à Rouen, appelée depuis *la Chaussée de César*. Ce passage était un simple gué appuyé sur des pilotis, et le point où l'Oise était franchie s'appelait au IIe siècle de notre ère, *Briva Isaræ* (le gué de l'Oise).

Le pays situé sur la rive gauche de l'Oise faisait partie du Parisis, territoire des Parisiens, ayant pour capitale Lutèce; la rive droite, où se trouve bâti Pontoise, appartenait aux Vellocasses ou Vexinois, peuples dont le territoire s'étendait jusqu'à la mer, comprenant une grande partie de la Haute-Normandie, notamment le Roumois, c'est-à-dire les environs de Rothomagus, aujourd'hui Rouen, qui était alors la ville principale des Vellocasses. Cette tribu dépendait de la grande famille des Belges, peuple envahisseur venu d'outre-Rhin, et son nom paraît venir de deux racines de la langue germanique : *wælsch* et *gast* (hôtes étrangers).

Cette ancienne communauté d'origine explique pourquoi,

lorsque les Cimbres et les Teutons ravagèrent les Gaules, les Belges seuls ne furent point attaqués. Ces tribus du nord de notre pays avaient une grande réputation de vaillance, due à ce qu'ils étaient les plus éloignés du commerce et de la civilisation romaine et qu'ils ignoraient ces raffinements du luxe qui amollissent les courages.

Lorsque les Romains, après la défaite d'Arioviste, menacèrent l'indépendance des Gaulois, les plus renommés des Belges, les Beauvoisins (*Bellovaci*, de *Belc'h* et *wack*, analogue à *wacker*, brave, vigilant), appelèrent toutes les autres tribus à la résistance. Les Vellocasses leur fournirent un contingent de dix mille hommes. L'armée entière, forte de 150,000 hommes, fut défaite par César sur les bords de l'Aisne, 57 ans avant J.-C.

Un peu plus tard, lorsqu'éclata la seconde guerre d'indépendance conduite par Vercingétorix, les Vellocasses envoyèrent trois mille soldats à l'armée de ce grand patriote. C'est à ce moment que les Beauvoisins menaçant de se soulever à leur tour, César averti de ce mouvement quitta ses quartiers d'hiver pour se diriger vers le Nord. Il n'est pas douteux qu'il traversa l'Oise à la hauteur de l'île, seul point guéable où l'Oise fût coupée par une route, car les *Commentaires* (journal des opérations militaires) du général romain, toujours exacts à mentionner les ponts que César était obligé de construire dans ses marches, n'en parlent pas en cette occasion.

Plusieurs élévations en terres rapportées, entourées de fossés ou de retranchements, situées sur la voie que le conquérant dut suivre nécessairement, portent encore le nom de *Camp de César*.

Après la défaite définitive des Gaulois et la soumission complète du pays à l'obéissance des Romains, 53 ans avant J.-C., le Vexin fut compris dans une des cinq subdivisions de la Gaule appelée Celtique, la *seconde Lyonnaise*, dont Rouen était la capitale.

Sous l'action pacifique et civilisatrice des Romains, ce pays commença à se développer. La richesse de son sol encouragea les efforts des agriculteurs, et de nombreuses fermes, origine des villages actuels, s'élevèrent dans cette contrée grasse et fertile.

« La Beausse a ses bleds, Normandie ses fruicts, Picardie ses forests, le Berry ses moutons..., écrivait le bon Taillepied, — et ainsi de chaque pays qui a sa commodité particulière : mais en général le Vequecin a chair et poisson, terre et eau, bleds et vignes, bois et prés, estangs et rivières, petites montagnes et doulces vallées, chaux et plastres, pierre et briques, villes et chasteaux..., bref il n'y a pays au monde plus commode à l'entretenement de la vie humaine, tant pour la sérénité de l'air que pour l'abondance des vivres qui y sont quand il court bon temps. »

Lorsque l'Empire romain s'écroula, les Barbares l'envahissant de toutes parts, les Francs conduits par Clodion et Mérovée descendirent des bords de la Saale vers le nord et le centre de la France, tandis que les Wisigoths d'Espagne occupaient le Midi. La défaite d'Alaric, à la bataille de Voulon, eut pour conséquence l'expulsion des Wisigoths et la conversion de Clovis au christianisme. A la mort de ce grand chef des Francs, ses quatre fils se partagèrent son royaume.

Le Vexin fut compris dans la Neustrie et contribua principalement à former le Duché de Dentelin, circonscrit par la Seine, l'Oise et l'Océan.

En 600, lorsque les fils de Brunehaut, Théodebert et Thierry, eurent vaincu à Dormelles le fils de Frédégonde, Clotaire II, ils le dépouillèrent de la plus grande partie de ses États, et notamment de ce duché, ne lui laissant que douze cantons ou *pagi*, situés autour du Parisis. C'est alors que Pontoise et Gisors furent détachés de Rouen et séparés du reste de l'ancien pays des Vellocasses, pour former, sous le nom de Vexin, une portion de la *France* proprement dite, c'est-à-dire du duché de Paris. Le Vexin eut alors pour limites les sept pays de Roumois, de Beauvaisis, de Chambliois, de Parisis, de Pincerais (Poissy), de Dreux et de Madrie.

III

ORIGINES RELIGIEUSES

Les peuples primitifs qui ont occupé notre sol et dont l'origine se perd dans la nuit des temps préhistoriques, ont laissé des monuments en pierres énormes (mégalithiques) auxquels on attribue un caractère religieux : les *men-hirs* ou *pierres-levées*, comme celui de Gency ; les *pierres tournantes* ou *branlantes ;* les *dolmens* et les *tombelles* ou *allées couvertes*, tels que celui de la forêt de Carnelle, près de l'Isle-Adam, et celui de Conflans-Sainte-Honorine, transporté dans les fossés du château de Saint-Germain.

Les Vellocasses, de même que tous les Gaulois, adoraient le soleil qu'ils appelaient *Belen*, c'est-à-dire *le Blond;* de là est venu le nom du mont *Bélien*, colline sur laquelle a été construit le château de Pontoise.

Quand la religion chrétienne fit disparaître l'idolâtrie, Pontoise, comme le reste de la Neustrie, eut pour premier patron saint Mellon, fondateur de l'église de Rouen. Plus tard, le Vexin fut évangélisé par saint Nicaise, décapité à Gany-sur-Epte au IIIe siècle de notre ère. L'Oise forma la limite naturelle entre les diocèses de Paris et de Rouen. Aussi, lorsque, en l'an 673, le corps de saint Ouen, évêque de Rouen, mort à la cour du roi Thierry III, fut transporté dans sa ville épiscopale, le roi et le clergé de Paris conduisirent le corps du prélat jusqu'aux rives de l'Oise, où ils le remirent au clergé de Rouen, venu au-devant d'eux. Le lieu où s'opéra cette transmission, sur le bord de la chaussée romaine, a conservé le nom de *Saint-Ouen*, auquel on a joint celui de l'*Aumône*, en souvenir d'un établissement de charité remontant au temps des premiers rois Capétiens.

L'abbaye de Saint-Denis, fondée par Dagobert, eut, comme on l'a vu, de grands domaines à Pontoise comme dans tous les environs, car elle possédait notamment Méry-sur-Oise, Cergy, Boissy-l'Aillerie et Cormeilles-en-Vexin. Cette domination donna lieu à l'église de Paris de revendiquer plus tard des droits spirituels sur Pontoise et d'y établir un archidiacre. Ce prélat devint à un moment presque indépendant; il avait son chapitre, formé par les chanoines de la collégiale de Saint-Mellon, fondée par Dreux, comte de Pontoise. Gautier III donna l'archidiaconé de Pontoise à saint Maurille, archevêque de Rouen, en 1050.

Le roi Philippe Ier devenu maître du Vexin, confirma ce don en 1091 ; mais les habitants de la ville, que leurs intérêts politiques et civils rattachaient à Paris, et qui ne pouvaient pardonner aux Normands et aux Anglais, leurs petits-fils, les nombreuses calamités que la guerre leur infligea du IXe au XVe siècle, supportèrent toujours impatiemment la juridiction de l'église de Rouen. Sous Louis XIII, ils entamèrent un procès considérable pour s'y soustraire, mais en vain. Les primats normands avaient substitué à l'archidiacre un grand-vicaire résidant à Pontoise : Guillaume d'Estouteville construisit, pour le mieux loger, en 1472, un hôtel qui devint après la Révolution le Palais de Justice. Depuis le Concordat, Pontoise fait partie de l'évêché de Versailles et est le siège d'un archiprêtré.

IV

LES NORMANDS

Sous le règne des descendants de Charlemagne, à la fin du IXe siècle, les Normands, descendus des pays scandinaves sur leurs barques d'osier, ayant remonté la Seine, se répandirent dans le Vexin et le duché de France, ravageant tout le pays.

La terreur qu'ils inspiraient était fort grande : on raconte que Charlemagne lui-même, à ses derniers jours, avait pleuré en voyant une bande de ces pirates infester impunément les côtes de son Empire. Sous ses petits-fils, la crainte des Normands, dont les incursions se multipliaient, avait fait emporter loin de leur passage tout ce que l'on possédait de précieux, notamment les reliques des saints, objet d'un culte fervent. C'est alors que le corps de saint Mellon, apôtre de la Normandie, fut transporté à Pontoise.

Mais les Normands s'avançant de plus en plus au cœur du pays pour chercher un plus ample butin, on éleva, pour arrêter leurs courses, des remparts et des palissades sur les iles de la Seine, de l'Oise et de la Marne, et on fit réparer les ponts d'Auvers et de Charenton, que les habitants refusaient d'entretenir. La butte de Montjoie, à Conflans, fut donnée à l'évêque de Paris, à la charge d'y établir une garde contre les barbares. Mais ces mesures de précaution furent insuffisantes ; les hordes innombrables des envahisseurs eurent bientôt raison des forteresses en bois qu'on leur opposait. Celle qu'on avait élevée sur l'île Saint-Martin fut cernée et incendiée par eux en 886, et le comte Autran, chargé de la défendre, fut contraint, après avoir capitulé, de se réfugier à Beauvais, abandonnant la contrée au pillage. Deux ans plus tard, Paris lui-même, alors renfermé dans la Cité, subissait un long siège, que l'héroïsme du roi Eudes et de l'évêque Gozlin empêcha seul d'aboutir à la ruine totale de la ville. Autran et son frère Thierry s'y distinguèrent par leur courage, rachetant ainsi le désastre de Pontoise, et massacrèrent plusieurs centaines de Normands dans la plaine Saint-Denis. Paris fut dégagé, mais les incursions des barbares continuèrent.

En 912, un chef normand, Rollon ou Rou, plus intelligent que ses devanciers, au lieu de continuer ce système de déprédations, s'établit dans une partie du Vexin et du pays de Caux, fit de Rouen sa capitale, et obtint du roi Charles le Simple, avec la main de sa fille, la reconnaissance de son droit de conquête. La province enlevée à la France, devenue le duché de *Normandie*, comprit une portion du Vexin, limitée par le cours de l'Epte et le château de Gisors. Gisors devint la capitale du Vexin Normand, et Pontoise celle du Vexin Français.

V

LES COMTES DE PONTOISE

Pontoise paraît avoir été le siège d'un comté dès le temps des Mérovingiens. Ce qui est certain, c'est que sous le règne de Charles le Chauve, il était possédé par Nivelon, arrière-petit-fils de Childebrand, frère de Charles-Martel. En 853, Nivelon consentit expressément, en sa qualité de comte, au don fait par le roi à l'abbaye de Saint-Denis, de la moitié du marché hebdomadaire de Pontoise, c'est-à-dire des droits de place qu'on y percevait.

Autran, dont nous avons parlé, semble avoir été comte de Pontoise; Hugues le Grand, son cousin, père de Hugues Capet, fut son héritier : il est permis de croire que c'est lui qui donna le comté à l'un de ses officiers, Valeran, vers l'an 950.

Valeran épousa Ledgarde, et en eut un fils appelé Gautier, qui lui succéda. En 987, à Pontoise, Ledgarde, en présence de son fils et de Hugues Capet, donna à l'abbaye de Chartres des biens qui lui étaient venus en vertu, dit-elle, de la loi salique, qui veut que les maris apportent une dot à leurs femmes. La loi salique, promulguée par les Francs avant leur établissement dans les Gaules et appliquée jusqu'au IXe siècle, est depuis longtemps tombée en désuétude.

Le comte Gautier Ier, fils de Ledgarde, remplit les fonctions de porte-étendard de l'abbaye de Saint-Denis. Cette abbaye, très puissante, était tombée aux mains des ducs de France, dont l'un, Hugues Capet, devint roi. A partir de ce moment la bannière sacrée, appelée oriflamme, parce qu'elle était bleue avec des flammes d'or, qui se transformèrent plus tard en fleurs de lys, fut considérée comme le drapeau national et portée en tête de l'armée française dans toutes les batailles rangées, du xe au xve siècle.

Gautier II, dit le Blanc, abandonna Pontoise pour le château de Crépy, qu'il fit construire et qu'il laissa à son second fils Raoul. L'aîné, nommé Dreux, fut comte du Vexin ; il fut le compagnon de Robert le Diable, duc de Normandie, dont il devint vassal lorsque le Vexin Français lui fut cédé par le roi Henri Ier, en récompense du secours qu'il avait reçu des Normands lors de la révolte de son frère.

Le comte Dreux mourut au cours d'un pèlerinage en Terre-Sainte. Son fils, Gautier III, ayant épousé la nièce du comte du Maine, essaya de disputer l'héritage de son oncle à Guillaume le Conquérant, qui cherchait à s'en emparer. Mais il fut fait prisonnier avec sa femme, et tous deux moururent à Falaise, en 1064, empoisonnés par leur ennemi.

Le roi Philippe Ier se hâta de profiter de cette circonstance pour recouvrer le Vexin Français que Simon de Crépy, cousin de Gautier III, chercha vainement à lui enlever. D'ailleurs Simon ne tarda pas à quitter le monde pour se faire moine dans l'abbaye de Saint-Claude, et ainsi s'éteignit, avec la race de Valeran, toute compétition pour la propriété du Vexin.

Une branche de la famille des comtes continua cependant d'habiter Pontoise, avec le titre de vicomte, puis de bailli. Un de ses membres, Raoul IV, passa en Palestine et épousa une fille de l'empereur de Constantinople.

VI

SAINT GAUTIER

PREMIER ABBÉ DE SAINT-MARTIN

Sur la demande des deux seigneurs habitant le château de Pontoise, Garnier et Amaury, parents du dernier comte, le roi Philippe Ier, en 1069, accorda la protection royale et des franchises fiscales au monastère de Saint-Martin, récemment fondé sur une éminence, auprès de la chaussée de César. Cette abbaye, qui prit depuis de grandes proportions, avait pour premier supérieur un moine de Rebais, Gautier, né à Audainville-en-Vimeu, vers l'an 1030. Élevé dans les plus fameuses écoles de ce temps, doué à la fois d'une fermeté et d'une mansuétude extrêmes, d'une grande pureté de mœurs et d'une excessive charité, Gautier s'attira l'estime et la sympathie universelles.

En plusieurs circonstances, il témoigna de son courage pour résister aux puissants. Les rois essayaient alors, dans le monde entier, de s'arroger le droit de nommer les évêques et les abbés, afin de pouvoir donner à leurs courtisans les revenus des églises. Lorsque Philippe Ier, assistant à l'installation de Gautier, voulut lui remettre la crosse, en signe de dépendance, l'abbé saisit le bâton par le haut, au-dessus de la main du roi, en lui disant : *Non a te Rex, sed a Deo* (Je le tiens de Dieu, Sire, non de vous). Cet acte d'énergie lui valut l'admiration des spectateurs et du roi lui-même.

Plus tard, il eut à manifester d'une manière encore plus éclatante son ardeur pour la défense des intérêts moraux et religieux. Après avoir adressé au roi des admonestations vigoureuses sur les abus de son gouvernement, il fut appelé à prendre part à un synode réuni à Paris pour s'opposer aux bulles du pape Grégoire VII, condamnant le mariage des prêtres. Les évêques rassemblés, presque tous créatures du pouvoir, allaient formuler leur refus d'obéir aux injonctions du pape les rappelant à l'observance de leurs devoirs et de leurs vœux, lorsque Gautier, qui revenait de Rome, se leva et protesta en termes véhéments contre cette révolte, en proclamant l'autorité du Pontife sur l'Église universelle. A peine avait-il parlé, que toute l'assemblée se lève, furieuse : accablé d'injures et de coups, Gautier est conduit en prison au palais du roi, ne répondant à ses agresseurs que par cette superbe parole : *Malo mortem pro veritate sustinere, quam falsitati turpiter cedere.* (Plutôt succomber pour la vérité, que de fléchir lâchement devant le mensonge !) — Touché de cette grandeur d'âme, Philippe Ier se hâta de le rendre à la liberté et le renvoya dans son monastère comblé de présents.

Gautier mourut le jour du vendredi saint, 8 avril 1099 ; il fut solennellement canonisé, par un décret du légat du pape et des évêques de Rouen, de Paris et de Senlis, le 4 mai 1153, le jour où son corps fut déposé dans le tombeau aujourd'hui conservé dans l'église Notre-Dame de Pontoise. Sa fête, fixée à cette même date, attira chaque année un grand nombre de visiteurs à Saint-Martin et fut l'origine d'une des trois foires de Pontoise. La seconde, celle du 11 novembre, est également due à l'abbaye, dont c'était la fête patronale ; la troisième, celle du 8 septembre, est due au pèlerinage de Notre-Dame de Pontoise.

VII

LE CHATEAU ROYAL DE PONTOISE

Philippe Ier donna le comté du Vexin en apanage à son fils Louis VI (dit le Gros), en 1102, pour le mettre hors des atteintes de la haine de sa belle-mère Bertrade, qui avait tenté de le faire assassiner en Angleterre. Louis le Gros se fit honneur de conserver ce titre après son avènement au trône, et c'est en cette qualité qu'il prit l'oriflamme sur l'autel de Saint-Denis, en 1124, lorsqu'il leva une armée de deux cent mille hommes, pour combattre les Allemands.

Sous Philippe Ier, le château royal n'existait pas, et le prince était logé à Pontoise, dans le manoir de Gautier Tyrel, sire de Poix, qu'on nommait à cause de cela l'hôtel de Poix, et depuis l'hôtel d'Orgemont. (1)

Philippe Ier et Louis VI firent frapper à Pontoise des *deniers tournois* en argent, de la largeur d'un sou, mais fort minces et d'une valeur de 25 centimes. Les pièces de Philippe portent l'inscription : *Pontisaræ cives* (ville de Pontoise), et celles de Louis VI *Pontisaræ castri* (château de Pontoise), d'où l'on peut conclure que le château fut construit sous son règne.

La fabrication des monnaies continua à Pontoise jusqu'à la guerre de Cent Ans.

Un frère de Louis le Gros, Henri, fut abbé de Saint-

(1) Aujourd'hui la maison de M. Macaire, rue de la Roche.

Mellon, et il eut pour successeurs dans cette charge ses deux neveux, Henri, qui devint archevêque de Reims, et Philippe, archidiacre de Paris.

Adélaïde de Savoie, veuve de Louis le Gros, reçut en douaire Auvers-sur-Oise, qui fit retour à la couronne lorsqu'elle se remaria au Connétable Mathieu de Montmorency.

Le comté de Vexin fut donné en fief, par Louis VI, au neveu de Henri II, duc de Normandie et roi d'Angleterre, Guillaume Cliton, qu'il essaya infructueusement de rétablir dans ses États, dont son oncle l'avait privé. Ce jeune prince étant mort sans postérité, Pontoise revint au roi.

Louis VII, fils de Louis le Gros, fit des dons importants à l'hôpital Saint-Lazare, qui existait dès cette époque à Saint-Ouen-l'Aumône et recevait les *ladres* ou lépreux.

Philippe-Auguste, le bienfaiteur de la ville, à laquelle il accorda l'autonomie communale, résida longtemps au château.

En 1184, la reine Isabelle de Hainaut y fut internée, accusée qu'elle était de conspirer pour son oncle le comte de Flandres, alors en guerre avec la France.

En 1190, le roi, étant à Pontoise, fut averti qu'un chef musulman, l'émir des Haschichins (d'où est venu le nom d'assassins), avait dépêché en France des fanatiques pour le tuer, ainsi que plusieurs autres princes chrétiens, promoteurs des Croisades. Pour se défendre, il institua une garde de douze sergents d'armes, chargés de veiller sur sa personne : c'est l'origine des gardes du corps.

La reine Ingeburge, seconde femme de Philippe-Auguste, fit son testament à Pontoise en 1218.

Le château de Pontoise, transformé en forteresse et devenu une résidence purement militaire au xve siècle, augmenté de tours et de nouvelles défenses pendant les guerres de la Ligue, fut abandonné lorsque les Pontoisiens obtinrent, à force de démarches, le départ de la garnison, et fut rasé administrativement sous Louis XV, en 1742. Il n'en reste que la plate-forme et plusieurs tours d'enceinte du xvie siècle, conservées dans la propriété de M. de Boisbrunet.

VIII

LA COMMUNE DE PONTOISE

La charte communale de Pontoise porte la date de 1188. Elle stipule d'abord que tous ceux qui demeurent dans les paroisses de Pontoise et de Saint-Martin, de quelque seigneurie qu'ils dépendent, sont libres à perpétuité, et exempts de tout impôt arbitraire.

Les *chefs d'hostel* ou notables (on entendait par là tous les chefs de famille ayant un domicile ou une condition stable et indépendante) élisent un maire et douze pairs, chargés de régler les affaires de la ville et de rendre la justice aux habitants. La commune prend à sa charge, en les répartissant entre ses membres, les dépenses relatives aux fortifications et à la garde de la cité. Le commerce est libre; les forains et les marchands établis sont également protégés. La garde des vignes appartient aux habitants (cette culture était alors fort importante dans la contrée : le roi Louis VII buvait du vin de Cergy).

La propriété des biens est assurée à tous ceux qui les détiennent, par héritage ou par contrat, sauf les revendications des absents qui reviendraient dans leur patrie.

Les Pontoisiens ne peuvent être contraints de faire aucun service militaire, à pied ou à cheval, au-delà de la Seine et de l'Oise (ce qui comprenait Senlis, Crépy, Soissons, Laon, Château-Thierry, Meaux, Melun, Saint-Denis et Paris).

Moyennant deux redevances annuelles, l'une de 530 livres d'or (environ 20,000 francs) et l'autre de 15 boisseaux de grain, la commune acquiert les revenus de la prévôté royale et ceux du minage (droit perçus sur les céréales vendues au marché).

Les premiers pairs de Pontoise furent choisis en partie dans la noblesse et en partie parmi les bourgeois et les artisans. Le premier maïeur ou maire connu se nommait Eudes le Drapier (1197). En 1281, la commune de Pontoise se porta caution, avec celles de Poissy et de Meulan, d'un prêt de dix mille livres consenti à la reine Marguerite, dame de Pontoise, veuve de saint Louis, par les Templiers. Sous le règne de Philippe le Bel, le maire devint un fonctionnaire royal, et ajouta à son titre ceux de prévôt (magistrat fiscal) et de voyer (officier de police).

Au XVe siècle, une autre organisation s'établit : la ville eut pour administrateurs un procureur-syndic, deux échevins et un *argentier* ou receveur. Sous Louis XIV, les besoins financiers de l'État firent trafiquer des offices publics ; la vénalité atteignit jusqu'aux charges municipales, qui conférèrent l'anoblissement. Le titre de prévôt-maire fut vendu et passa, par héritage ou par achat, dans diverses mains. En 1790, on établit des officiers municipaux élus au suffrage restreint. Les maires les plus connus ont été depuis cette époque le chevalier Sauvat (1790) ; Jean-Baptiste Depoin, maire après le 9 thermidor ; Le Seure de Senneville (1799) ; Roger d'Arquinvilliers (1813) ; Jean-Louis Truffaut (1820) ; De Jean (1829) ; Deleval (1830) ; Mondain (1831) ; Lebas (1837) ; Touchard (1843) ; Delaissement (1848) ; Tavernier (1852) ; Nacquart (1855) ; Lointier (1860), qui fit détruire l'église des Cordeliers, où avait été sacré Bossuet, pour élargir la place de l'Hôtel-de-Ville ; Seré-Depoin, qui a fait ouvrir la rue Impériale, depuis rue Thiers, et auquel Pontoise doit la plupart de ses embellissements (1865) ; Donard (1871) ; Germain (1874) ; Richomme (1881) ; Billoin (1884).

IX

L'HOTEL-DIEU

L'un des premiers établissements de la commune de Pontoise fut un hôpital, situé sur la place du Martroy, auprès de l'église Saint-Maclou, et appelé la *Maison Dieu*. Cet hôpital était desservi par des *confrères* ayant à leur tête un *maître*. En 1190, Gautier Tyrel, sire de Poix, leur donna des prés et des vignes au Vaugeroux, sur le chemin d'Auvers, à l'emplacement où fut depuis l'hospice des Pestiférés et où a été construit, à une date plus récente, le château de Beaujour.

Renaud Musavène, de la famille des Montmorency, fonda en 1197 un aumônier ou chapelain, en stipulant que la commune de Pontoise en aurait la nomination. En 1198, Philippe-Auguste, expropriant un moulin de l'hôpital, situé sur la Viosne, au lieu dit Crèvecœur (aujourd'hui la rue Neuve-Saint-Jacques) pour construire les fortifications de la ville, donna en échange à cet établissement le droit de bâtir un autre moulin sur une des arches du pont.

La Maison-Dieu avait pour patron saint Guillaume, prêtre anglais, chapelain de Philippe-Auguste et fondateur de la paroisse Notre-Dame, mort à Pontoise en 1193. Geoffroy d'Éragny fit don, en 1201, d'une rente en nature sur la dîme de Genicourt pour alimenter une lampe ardente devant son autel.

La chapelle de Saint-Guillaume fut abandonnée lorsque

l'hôpital fut transféré en 1259, dans un nouveau local édifié sur les bords de l'Oise, au pied du château, par les soins de saint Louis, à l'aide d'une partie de l'amende infligée à Enguerrand de Coucy. Ce seigneur avait fait pendre trois jeunes gens qui s'étaient introduits dans ses domaines pour chasser aux lapins. Le roi lui fit faire son procès et il n'obtint qu'à grand'peine grâce de la vie, par les supplications des seigneurs ses proches parents. Mais le roi l'obligea à guerroyer pendant trois ans en Palestine et à consacrer une grosse part de sa fortune à des œuvres pieuses ou charitables.

Louis IX établit dans l'Hôtel-Dieu des religieuses Augustines au nombre de quatorze, dont il confia la direction à une prieure. Pendant environ cent ans, l'administration continua à être exercée collectivement par le *maître* et par la prieure; celle-ci finit par rester seule directrice. La gestion financière fut laïcisée pendant quelques années, dans la seconde moitié du XVIe siècle; mais cet essai donna des résultats désastreux, et on en revint à laisser le gouvernement à la prieure, qui le conserva jusqu'à la Révolution.

L'Hôtel-Dieu s'annexa, en 1792, les autres établissements analogues : Saint-Jacques, fondé en 1378 pour héberger les pèlerins de Compostelle; et l'hospice des Pauvres enfermés, création municipale (aujourd'hui l'École primaire de garçons).

Ses bâtiments, devenus insuffisants et caducs, furent remplacés, en 1826, par le bâtiment actuel, œuvre du pontoisien Fontaine, architecte de Napoléon Ier, de Louis XVIII et de Charles X.

L'hôpital est administré par un conseil désigné en partie par la municipalité; les malades y sont soignés par des sœurs de Saint-Paul de Chartres. Il renferme 120 lits. Sa chapelle a pour tableau d'autel une fort belle peinture sur toile, de l'École française, attribuée à tort à Philippe de Champagne, et représentant la *Guérison du Paralytique*.

X

BLANCHE DE CASTILLE FONDE MAUBUISSON

Lors de la mort de Louis VIII, Pontoise fut une des premières villes qui prêtèrent serment de fidélité à sa veuve, la reine Blanche de Castille. Cette princesse affectionnait Pontoise; elle obtint qu'on lui donnât en douaire le domaine de la ville, par échange avec d'autres apanages. A la suite d'un vœu, elle décida, en 1236, de construire non loin de la ville, sur la rive gauche de l'Oise, une vaste abbaye au lieu dit Maubuisson (le mauvais buisson). Elle dépensa des sommes considérables pour acheter d'un grand nombre de paysans les pièces de terre qu'il fallait réunir pour constituer un assez beau domaine. Le monastère, avec ses dépendances, jardins, viviers, potagers, bosquets et vergers, occupait 500 arpents. La construction, confiée à l'architecte Richard de Tour, coûta 24,000 livres d'or, soit environ un million. Il en reste aujourd'hui, dans la propriété de M. Durand, de magnifiques vestiges, comprenant tout le rez-de-chaussée du couvent : la plus belle salle a été complètement restaurée et transformée en orangerie. Son élégance architecturale est justement appréciée des artistes.

Les religieuses de Maubuisson pratiquaient la règle de Saint-Bernard. Elles eurent successivement pour abbesses plusieurs princesses de la maison de France et des premières familles de l'État. Les plus célèbres sont : Guillemette, première abbesse, en 1240 ; Blanche d'Eu (1275) ; Isabelle de Montmorency (1308) ; Marie de Pisseleu, sœur de la duchesse d'Étampes (1546) ; Angélique d'Estrées (1594) ; la Mère Angélique Arnauld, qui établit à Maubuisson la réforme de Port-Royal (1618) ; Marie des Anges Suireau, depuis abbesse de Port-Royal (1626) ; la princesse Palatine Louise-Hollandine de Bavière, qui fit de son abbaye une école de peinture religieuse (1664) ; Charlotte Colbert, nièce du grand Colbert (1719). La dernière abbesse, Madame de Baynac, eut de grands procès avec ses religieuses ; le Parlement interdit d'admettre des novices, et la communauté était sur le point de s'éteindre quand la Révolution la dispersa.

L'abbaye de Maubuisson possédait d'immenses domaines qui furent vendus comme biens nationaux en 1792, ainsi que le monastère et l'église, dédiée à Notre-Dame-la-Royale, qui fut démolie par un des acquéreurs quelques années après. La grange dîmeresse, du XIIIe siècle, qui pouvait contenir cent mille gerbes subsiste encore. Mais il ne reste de l'abbaye que peu de souvenirs artistiques : citons cependant deux crosses en cristal de roche, fort belles, conservées au Musée de Versailles, et une Vierge ouvrante, du XVe siècle, d'un type extrêmement curieux, car il n'en existe en France que quatre semblables. Sauvée de la destruction par un jardinier du pays, elle est aujourd'hui exposée à la vénération des fidèles dans l'église de Saint-Ouen-l'Aumône.

XI

SAINT LOUIS MALADE A PONTOISE

La reine Blanche avait fait construire, dans l'enceinte du monastère, un grand manoir destiné à recevoir le roi et les seigneurs de sa cour, et qu'on appela depuis le Palais de Saint-Louis. Cette demeure princière a disparu depuis longtemps. C'est là que Louis IX, au mois d'août 1244, fut pris subitement d'une maladie *très venimeuse et très amère*, dit un poète contemporain. C'était une dyssenterie qui le plongea dans un abattement tel que, pendant plusieurs heures, il resta privé de sentiment. Ayant épuisé tous leurs efforts pour le ranimer, les *physiciens* (on appelait ainsi les médecins) l'abandonnèrent, déclarant qu'il était mort. Les portes furent ouvertes, et le peuple entrait en foule pour prier, pleurant un roi bon et juste si prématurément enlevé (il avait à peine trente ans).

Tout à coup on entendit un faible gémissement. La foule poussa de grands cris ; les physiciens accoururent, entr'ouvrirent les lèvres du roi et lui firent prendre quelques gouttes de *caudiel* (bouillon chaud).

Sitôt qu'il eut, peu à peu, repris ses sens, le roi manda l'évêque de Paris et le pria de lui donner la croix d'outremer. L'évêque, au comble de la surprise, hésitait, mais il dut céder aux instances du roi, qui lui expliqua que, pendant sa léthargie, il avait reçu dans une vision l'ordre de conduire une croisade en Terre-Sainte, pour relever l'étendard chrétien, abattu par les Musulmans.

La reine Blanche, au comble de la joie en apprenant cette résurrection, tomba dans la plus profonde tristesse lorsqu'elle vit son fils croisé. En effet, saint Louis, qui s'embarqua à Aigues-Mortes au mois d'août 1248, en lui confiant la régence de ses États, ne devait plus la revoir. Elle mourut en 1252, après s'être fait revêtir de l'habit des religieuses de Cîteaux par l'abbesse Guillemette, et s'être fait transporter sur une couche de paille, où elle expira.

On lui mit le manteau royal sur sa robe de religieuse, et la couronne d'or par dessus son voile. Puis son corps ainsi vêtu, assis sur une chaise richement ornée, fut porté sur les épaules des plus grands seigneurs de la cour, depuis le Louvre jusqu'à Maubuisson, où on lui fit de magnifiques obsèques. L'archevêque de Rouen, Eudes Rigaud, les présida.

La reine Blanche fut ensevelie dans le chœur de l'abbaye, comme elle l'avait ordonné, sous une tombe de cuivre haute de deux pieds et demi. Sa mémoire est restée populaire dans la tradition du pays, qui a attaché son nom à plusieurs souvenirs.

Saint Louis revint fréquemment à Maubuisson; avant de partir pour la dernière Croisade, il s'y rendit exprès pour faire ses adieux au monastère qui renfermait le corps d'une mère si tendrement aimée.

XII

GUILLAUME DE PONTOISE

Sous le règne de saint Louis, un religieux de Cluny, Guillaume, enfant de Pontoise, qu'on prétend avoir été petit-fils de Philippe-Auguste, devint successivement prieur de la Charité, abbé de Cluny en 1244, évêque d'Olène, en Grèce, en 1250.

C'est à propos de ce Pontoisien que Joinville raconte l'anecdote suivante :

« Au chastel d'Ierres séjourna le Roi (saint Louis), la Roine et leurs enfans, et nous tous, tandis qu'on pourchassoit (qu'on allait chercher) des chevaulx pour s'en venir en France. L'abbé de Cluny, qui fut depuis évesque d'Oline (Olène), envoya au Roy deux palefrois l'un pour lui, l'autre pour la Roine (la reine). Et disoit-on lors, qu'ils valoient bien chacun cinq cens livres. Et quand le Roy eut pris ces deux beaux chevaulx, l'Abbé lui requist qu'il peust parler avecques lui le lendemain touchant ses affaires. Et le Roy le lui octroia. Et quand on vint au lendemain, l'abbé parla au Roy, qui l'escouta longuement et à grand plaisir. Et quand l'abbé s'en fut parti, je demanday au Roy : Sire, n'est-il pas vray, que vous avez escouté l'abbé de Cluny aussi longuement, pour le don de ses deux chevaulx ? Et le Roy me respondit que certes ouy. Et je lui dis que je lui avois fait telle demande, afin qu'il deffendist aux gens de son Conseil juré, que quand ils arriveroient en France, ils ne prissent rien de ceulx qui auroient à besongner (à traiter des affaires) par-devant lui. Car soyez certain, fis-je, que s'ils prennent, ils en escouteront plus diligemment, ainsi que vous avez fait de l'abbé de Cluny. Lors le Roy appella tout son Conseil et leur compta en riant la demande que je lui avois faite et la raison de ma demande. Toutesfois lui dirent-ils que je lui avois donné très bon conseil. »

L'abbé Guillaume reçut à Cluny le pape Innocent IV, obligé de quitter Rome pour fuir la tyrannie des Allemands et de l'empereur Frédéric II. Après avoir présidé le Concile de Lyon, en 1245, le pape vint à Cluny, accompagné de douze cardinaux : il y retrouva le roi saint Louis, la reine Blanche, l'empereur de Constantinople, les infants d'Aragon et de Castille, et une foule de princes et d'évêques, qui reçurent une hospitalité magnifique dans l'enceinte du couvent. « Et cependant malgré ces innombrables hôtes, jamais les moines ne se dérangèrent de leur dortoir, de leur réfectoire, de leur chapitre, ni d'aucun des lieux conventuels. » Ce fait peint à la fois l'immensité du monastère et l'intelligente direction du supérieur. « L'abbé Guillaume était, en effet, renommé pour son esprit et la bonté de son caractère ; ses bonnes manières lui gagnaient tous les cœurs. Il se montrait très libéral à donner, modeste et affable à parler, discret à commander, et circonspect à agir. »

Guillaume de Pontoise mourut en 1263.

XIII

PHILIPPE LE BEL A MAUBUISSON

Les rois de France descendants de Louis IX firent souvent, comme lui, d'assez longs séjours à Maubuisson, où ils venaient passer ordinairement le temps des grandes fêtes religieuses. C'est là qu'en 1311 fut close l'instruction du procès des Templiers. Pendant un de ces séjours, en 1313, le roi d'Angleterre Édouard II et la reine Isabelle, fille de Philippe le Bel, se trouvèrent à Maubuisson, où ils faillirent périr dans un incendie qui dévora une partie du palais.

L'année suivante, en mai 1314, une catastrophe survint, à Maubuisson, dans la maison royale. Les deux belles-filles du roi, Marguerite et Blanche de Bourgogne, furent convaincues d'adultère avec deux chevaliers de la livrée du roi, Philippe et Gautier d'Aunay. Le châtiment fut terrible. Les deux chevaliers furent exécutés au pied du gibet de Pontoise, avec des raffinements extraordinaires de cruauté ; les deux princesses eurent les cheveux rasés et furent enfermées dans des prisons d'État, où l'une, Marguerite, fut étranglée peu après, et d'où l'autre, Blanche, ne sortit que pour être transférée à Maubuisson, où elle prit l'habit de religieuse.

Cet épisode, travesti par la tradition population, a donné naissance au roman de la *Tour de Nesle*.

Depuis cette époque, Maubuisson fut de moins en moins visité par les souverains. Toutefois, un grand nombre de rois ou de *sires des fleurs de lis* (ainsi s'appelaient les princes de la maison royale) furent enterrés à Maubuisson ou y laissèrent une partie de leur dépouille mortelle.

Après Blanche de Castille, Mahaut d'Artois; Blanche de France, mère des infants de Lara; Alphonse de France, comte de Poitiers, frère de saint Louis; Jean d'Acre, fils du roi de Jérusalem; Robert II, comte d'Artois, neveu de saint Louis; Jeanne de France, fille de Charles le Bel; Catherine de France, fille de Charles V; Marguerite, princesse d'Antioche, etc., y furent successivement inhumés.

Charles le Bel et sa femme Jeanne d'Évreux, dame de Pontoise; Bonne de Luxembourg, veuve de Charles V, enterrés à Saint-Denis, laissèrent leurs entrailles à l'abbaye.

C'est à Pontoise que naquit, le 15 janvier 1342, Philippe le Hardi, duc de Bourgogne, quatrième fils du roi Jean et de Bonne de Luxembourg.

Rappelons aussi que c'est à Pontoise, en 1315, que Louis le Hutin reçut, dans le Parlement qu'il avait convoqué, la soumission du comte de Flandre.

XIV

LE COMMERCE A PONTOISE AU MOYEN AGE

Les premières industries de la ville, nées du voisinage de la Viosne, ont été la meunerie, la tannerie et la foulerie de drap. Environ 25 moulins existaient sur le cours du ru, la plupart antérieurement au XIIe siècle. Saint Louis ayant fait dériver la Viosne pour la rapprocher de la ville et approvisionner d'eau, en cas de siège, ses défenseurs, il accorda toutefois aux riverains de l'ancien lit (dit aujourd'hui la Couleuvre), de s'alimenter par un filet d'eau passant entre deux pierres séparées par la largeur d'un *Pas-d'Ane*. On voit encore cette disposition conservée sur les limites des communes de Pontoise et d'Osny.

L'industrie du cuir, fort prospère (on portait beaucoup de fourrures, le parchemin tenait lieu de papier, les bateaux étaient doublés de cuir, etc.), a été la source de la fortune de plusieurs familles pontoisiennes, anoblies plus tard. Nous citerons notamment les Cossart. Les tanneurs avaient un *friche* où ils étendaient leurs peaux, sur les bords d'un grand étang formé par la Viosne à son embouchure et sur l'emplacement duquel la gare s'élève aujourd'hui.

Les fouleries étaient situées dans le quartier Notre-Dame, appelé alors le Nouveau Bourg. Ce quartier appartenait aux châtelains de Gisors, qui y avaient implanté cette industrie en y appelant des ouvriers anglais. Ils abandonnèrent leurs droits à l'abbaye de Saint-Martin, sous le règne de Philippe-Auguste.

Les *lombards*, appelés aussi *picards* ou prêteurs sur *namps* (sur gages) étaient nombreux au XIIIe siècle. Une des vieilles rues de Pontoise leur emprunta son nom. Les Juifs exerçaient le commerce d'argent au XIIe siècle, mais ils furent expulsés par Philippe-Auguste à la suite de l'assassinat d'un jeune enfant de Pontoise, qui fut canonisé sous le nom de saint Richard. Toutefois ils reparurent dans le cours du XIIIe siècle et furent définitivement chassés par Philippe le Bel.

L'industrie des nattes (tapis de jonc qu'on plaçait sur les carrelages) fut aussi une source de prospérité pour Pontoise, où elle avait été importée d'Orient.

Tous les métiers étaient organisés corporativement, et leurs statuts avaient reçu la sanction royale. On y remarque les dispositions les plus sages pour assurer l'assistance aux malades, les secours aux veuves et aux orphelins, et pour régler l'exercice du métier en arrêtant les conflits, et pour garantir la loyauté professionnelle.

Les plus grandes corporations de la ville étaient, au temps de saint Louis, les tanneurs, les drapiers, les bouchers, les boulangers, les cordonniers, les charpentiers et les couteliers; puis venaient les épiciers, les tonneliers, etc.

Les boulangers étaient au nombre de 32 sous Philippe de Valois, ce qui peut donner une idée de la population de la ville, qu'on évalue à cette époque à 12,000 âmes.

En 1300, on comptait à Pontoise 2,500 *feux* ou maisons. La ville devait fournir, pour le service militaire, 150 sergents et 2 chariots, et payer 30 sous à chaque sergent pour s'armer et *un sol par jour* pour sa nourriture.

C'est de ce *sou* par jour que sont venus les mots *solde*, *soldat* ou *soudart*, et le verbe *soudoyer*.

XV

LES BOURGS DE PONTOISE

L'ancien Pontoise était situé le long de la chaussée de César, qui traversait les deux parcs actuels de Saint-Martin et se dirigeait sur Puiseux et Magny-en-Vexin. Au XIVe siècle, on comptait à cet endroit cent quarante feux, formant la paroisse de la Trinité. La guerre de Cent Ans les détruisit entièrement.

Au pied du château et sous la protection de ses créneaux se groupa, dès le XIIe siècle, une agglomération nouvelle appelée le Bourg de Pontoise : une rue qui descend du chemin de ronde marque encore le point central de ce nouveau quartier, *la Croix du Bourg*. Les paroisses de Saint-Pierre et de Saint-André se partageaient le Bourg ; l'église Saint-Maclou, dont le chœur remonte au milieu du XIIe siècle, réunit les habitants disséminés sur la colline ; ces trois paroisses, avec celles de Génicourt, d'Osny, de Livilliers, de Puiseux et d'Ennery, et avec Saint-Mellon, paroisse du château, formèrent, sous le nom de doyenné de Pontoise, une circonscription relevant de l'archidiaconé, puis du grand-vicariat qui lui fut substitué en 1255.

La paroisse de Saint-Martin (la Trinité) et celle de Notre-Dame, qui en était un démembrement, furent toujours exemptes de cette juridiction et se rattachèrent au doyenné rural de Meulan.

Les inondations de la Viosne rendant difficile, en effet, aux habitants du Nouveau Bourg la fréquentation de l'église de la Trinité, l'abbé de Saint-Martin, du consentement du légat du Pape, les autorisa à construire, en 1226, à la place d'un oratoire établi en 1177, une chapelle où fut déposée une magnifique statue de la Vierge, haute de 2 mètres 10 centimètres, dont l'origine est inconnue, et qui, depuis lors, a toujours été l'objet d'un grand culte et le but d'un pèlerinage célèbre. La chapelle de Notre-Dame devint, en 1247, le siège de la sixième paroisse de Pontoise. A dater de cette époque, les bienfaits de saint Louis et de ses successeurs, et à l'aide des offrandes des fidèles qui s'y rendaient en grand nombre *de lointains pays*, on poursuivit l'érection d'une vaste basilique, dont les fondations existent encore, et qui mesurait en largeur 42 mètres sur 130 mètres de longueur (1). Autour de ce monument s'élevèrent bientôt une grande quantité d'habitations.

Le quartier de l'Aumône, sur la rive gauche de l'Oise, fut longtemps considéré comme un *faubourg* de Pontoise. La rue de Gisors actuelle et les rues voisines s'appelaient aussi autrefois le *faubourg d'Ennery;* quant au quartier de l'Hermitage, il est entièrement moderne.

(1) La basilique du Sacré-Cœur, à Montmartre, a 90 mètres sur 50. Saint-Pierre, la basilique du Vatican, à Rome, a 211 mètres sur 137.

XVI

LA CONFRÉRIE AUX CLERCS

Toutes les corporations de métier avaient un patron et une organisation religieuse, en même temps qu'elles fonctionnaient comme associations de secours mutuels et juridictions d'arbitrage. Elles formaient donc des confréries en si grand nombre qu'il y avait presque toutes les semaines une fête corporative à Pontoise, au XVIe siècle.

Une confrérie d'un caractère tout particulier s'établit à la faveur du pèlerinage. C'était *la Confrérie aux Clercs.*

Fondée d'abord en 1284 pour les seuls ecclésiastiques, elle ne tarda pas à fusionner avec la *Confrérie aux bourgeois*, et à devenir une association n'ayant aucun caractère professionnel, réunissant aux *clercs* (personnes attachées à l'Église), et aux religieux, les nobles et les bourgeois ; elle était ouverte aux femmes. Pour y entrer, il fallait verser un droit d'entrée de 5 livres ; les candidats n'étaient admis qu'après une information sur leurs vie et mœurs, et l'on n'y pouvait recevoir aucune « personne infâme, ignorante ou scandaleuse. »

Charles V se fit inscrire au nombre des confrères, et, depuis lors, aux processions annuelles, un gentilhomme de la chambre du roi figurait en tête du cortège, portant un cierge couronné et fleurdelysé. Toute la maison de France suivit l'exemple du roi : princes, connétables, maréchaux, prélats, grands seigneurs, magistrats, se firent inscrire chaque année par centaines à côté des bourgeois et bourgeoises, des notaires, des procureurs. La Confrérie eut bientôt d'immenses revenus. Elle les consacra à établir un chapitre de douze chapelains dans l'église Notre-Dame pour acquitter les fondations de prières dont elle était chargée ; à secourir les pauvres et principalement à instruire la jeunesse.

Pontoise lui doit la fondation du Collège. Elle contribua à la création ou à l'entretien de presque tous les établissements charitables du pays et prit sa large part de toutes les charges militaires ou financières de la cité. La Révolution la supprima en nationalisant ses biens, en 1790.

XVII

LA GUERRE DE CENT ANS

Le Vexin était prédestiné à recevoir les premières atteintes de la Guerre de Cent Ans et à en subir les dernières. Dès 1356, les armées d'Édouard III le traversèrent, ravageant tout sur leur passage. Les religieuses de Maubuisson s'enfuirent à Paris, abandonnant leur cloître. On rasa militairement tous les châteaux non défendables des environs, où l'ennemi eût pu se fortifier. La ville, pour obéir à une clause formelle de sa charte communale, dut emprunter une somme considérable à un bourgeois nommé Pierre Potin pour construire des remparts du côté du Nord. C'est alors qu'elle démolit le couvent des Frères mineurs Cordeliers, qui fut transporté sur la place de l'Étape (aujourd'hui place de l'Hôtel-de-Ville). L'enceinte militaire de Pontoise, formant boulevard, avait huit ou dix mètres de haut; elle était défendue par huit tours et protégée au nord par des fossés profonds, à l'est par la rivière, au midi par un vaste étang s'étendant jusqu'à la place Notre-Dame.

La reine Blanche, veuve de Charles V, qui avait eu en douaire, comme Blanche de Castille, Marguerite de Provence,

Jeanne de Navarre, fille de Louis X, et la reine Jeanne, veuve de Charles IV, le domaine de Pontoise, vint s'installer au château, qu'elle fit lambrisser. Elle mourut en 1398.

Au commencement du xve siècle éclata la guerre civile des Armagnacs et des Bourguignons. Pontoise passa tour à tour aux deux partis. En 1413, il s'y tint une conférence pour discuter des bases d'un accommodement; elle aboutit à un traité, connu sous le nom de *la paix de Pontoise,* qui ne reçut aucune exécution. En 1417, le duc de Bourgogne, maître de l'Isle-Adam et de Beaumont, mit le siège devant Pontoise, dont la garnison se rendit, « *saufs corps et biens* ». Le duc de Bourgogne fit capitaine de Pontoise Jean de l'Isle-Adam, depuis maréchal de France; la ville fut alors occupée par des troupes considérables, notamment par les *Picards;* ce corps comprenait 900 hommes d'armes et 2,000 archers.

A la faveur de ces troubles, les Anglais, sous la conduite de leur roi Henry V et du duc de Bedford, renouvelèrent leurs attaques.

Henry V s'étant emparé de Rouen, une entrevue eut lieu à Meulan (11 juin 1419) pour traiter de la paix; Charles VI, Isabelle de Bavière et la princesse Catherine, leur fille, alors à Pontoise, s'y rendirent, mais on ne put s'entendre. Les hostilités continuant, 3,000 Anglais, conduits par le duc de Clarence et le captal de Buch, s'avancèrent tout à coup jusqu'à Pontoise, que la Cour venait de quitter. La garnison se trouva surprise et fut obligée de s'enfuir, suivie par plus de 6,000 personnes, « tant hommes, femmes comme enfans, tous désolez, » qui s'en furent, dans un état lamentable, jusqu'à Paris, où leur arrivée causa un prodigieux effroi.

« Ainsi, dit le chroniqueur Jean Le Fèvre, fut la ville de Ponthoise prise par les Anglois, en laquelle ils firent maux innumérables, comme par coustume se fait en ville conquise; et gagnèrent si grant finances (tant d'argent) qu'il n'est à croire, car le roy, la royne, le duc de Bourgogne, plusieurs grands seigneurs et ambassades y avoient esté par grand espace de temps, et la ville estoit remplie de tous biens. »

Des chroniqueurs évaluent le montant de ce butin à deux millions d'écus (6 millions de livres de ce temps-là, soit à peu près 20 millions de francs).

Le traité de 1420, œuvre d'Isabeau de Bavière et du duc de Bourgogne, ne tarda pas à consommer la ruine de la France. Henry V, reconnu héritier du trône, reçut la main de la princesse Catherine, à laquelle Pontoise fut donné en dot. La justice fut rendue dès lors dans tout le Vexin au nom du roi d'Angleterre. Henry V confirma la charte communale de Pontoise par lettres du 21 février 1420. Il mourut à Vincennes le 31 août 1422 ; son service funèbre fut fait à Saint-Denis et son corps transporté en grande pompe à Rouen. Le convoi traversa Pontoise le 15 septembre. « Tous les princes Anglois suivoient le corps du roy, et toujours y avoit cent torches ardants (brûlant), en chemin comme aux églises. »

Les habitants, comme bien l'on pense, supportaient impatiemment le joug de l'étranger. En 1432, un an après le meurtre de Jeannne d'Arc, ils essayèrent de délivrer leur ville, mais leur entreprise fut découverte et des exécutions terribles frappèrent les patriotes conspirateurs. Cette répression n'affaiblit pas le courage des Pontoisiens ; en 1435, le gouverneur anglais, John Ruppeley, étant parti fourrager avec la plus grande partie de la garnison, qui ne vivait que de pillage, les arquebusiers (on appelait ainsi une milice bourgeoise armée d'arquebuses, à laquelle était confiée la garde de la ville et qui subsista jusqu'en 1789), se saisirent, par un coup hardi, des soldats ennemis restés dans la ville, fermèrent les portes et appelèrent à leur secours les troupes du roi. Les Anglais, pour se venger, se répandirent dans tout le pays, dévastant les villages et brûlant les églises. Ainsi furent détruites en partie celles de Notre-Dame, située hors des murs, de Cergy, d'Osny, etc. Les abbayes de Maubuisson et de Saint-Martin se trouvant en rase campagne, furent saccagées ; les moines et les religieuses s'enfuirent ; mais l'abbé de Saint-Martin, Pierre le Boucher, fut emmené à Rouen, où il resta en prison pendant huit ans.

Le maréchal de l'Isle-Adam, rentré au service de Charles VII, fut chargé de la défense de Pontoise ; mais, pour le malheur de la ville, il renouvela l'imprudence commise dix-huit ans avant et se laissa surprendre par l'ennemi le mardi-gras de l'année 1437. Une troupe d'Anglais dirigée par un hardi capitaine, Sterkins, sous les ordres de Talbot, s'avança, vêtue de linceuls blancs, à travers la campagne couverte de neige, et profitant de la négligence ou de l'ivresse des sentinelles, escalada les murs et se saisit de la citadelle aux cris de : « Saint-George ! Ville gagnée ! » L'Isle-Adam fit à la hâte rompre une poterne et se sauva en habits de nuit, sans armure.

La perte de Pontoise fut très cruelle aux Français. L'armée du roi fit de grands efforts pour la reprendre. Le connétable de Richemont fit donner l'assaut, en 1438, et s'empara d'une des grosses tours, mais il fallut abandonner l'attaque. Trois ans s'écoulèrent. Enfin Charles VII, le 4 juin 1441, vint mettre le siège devant Pontoise. L'investissement dura trois mois et demi, pendant lesquels Talbot ravitailla jusqu'à cinq fois la garnison. Le duc d'York vint au secours de la ville avec son armée ; mais le pays, ce Vexin si riche et si fertile, était alors tellement dévasté, que le duc n'y put demeurer ; il ramena péniblement à Rouen ses hommes si hâves et ses chevaux si maigres, qu'on reconnaissait à première vue ceux qui avaient fait cette triste campagne. La malice des Normands trouvait là une belle occasion de s'exercer. C'est ainsi, dit un contemporain, Thomas Basin, évêque d'Évreux, que se forma le dicton : *Il a l'air de revenir de Pontoise.*

A la suite de mille péripéties qui donnent, dans les récits des chroniqueurs contemporains, l'idée du fameux siège de Troie, après une première tentative infructueuse tentée du côté de l'église Notre-Dame le 16 septembre, le roi donna lui-même l'assaut, le 19, à la Tour du Friche, située à l'angle sud de la ville. Deux soldats, Jean Becquet et Etienne Guillier, franchirent les premiers la brèche et furent anoblis sur le champ. Un pan de muraille abattu livra passage au roi ; les Français, entraînés par sa bravoure, s'élancèrent à sa suite. Plus de 500 Anglais furent tués et 400 se rendirent; les pertes des vainqueurs furent insignifiantes. En souvenir de ce mémorable événement, le roi donna le nom de *Pontoise* à son héraut d'armes.

Ainsi finit l'occupation anglaise dans notre pays. La prise de Pontoise fut le signal de l'expulsion des envahisseurs; ils ne conservèrent bientôt plus que Calais, qu'il était réservé au duc de Guise de rendre à la France, en 1558.

XVIII

LE BAILLI EUSTACHE DES CHAMPS

Pontoise, après avoir été le siège d'un bailliage sous Philippe-Auguste, eut, sous Philippe III, un sous-bailli, puis fut rattaché directement à Senlis dont le bailli venait, à certains jours, tenir ses assises à Pontoise, comme dans les autres lieux principaux de son ressort. C'est seulement au XVe siècle qu'en raison de l'impossibilité de maintenir les communications entre les deux villes, par suite de la guerre, un lieutenant du bailli de Senlis fut installé à demeure à Pontoise, où son tribunal rendit la justice, en première instance, jusqu'à la Révolution.

En 1388, le titre de bailli de Senlis fut conféré à Eustache des Champs, ancien sergent d'armes du roi Charles V. Eustache des Champs devint, par héritage, seigneur de Chaponval, entre Pontoise et Auvers.

Il est l'auteur de nombreuses et curieuses pièces de vers, la plupart satyriques, dans lesquelles il raconte plus d'un fait intéressant l'histoire de notre ville, où ses fonctions l'appelaient souvent et où il avait son hôtel.

Il a chanté notamment le « noble et amoureux lieu de la Table-Ronde, hors Pontoise » (le plateau qui domine aujourd'hui la côte du Jalet et le nouveau Tribunal). Il en vante la vue magnifique, l'excellent air et l'aspect pittoresque. Il parle également de tournois à Pontoise ou aux environs. En effet, la noblesse du pays s'adonnait à ce genre d'exercices, et cent ans auparavant l'archevêque de Rouen, Eudes Rigaud, nous apprend qu'il prêcha à Saint-Mellon, le 25 janvier 1265, devant un grand concours de chevaliers, venus pour un tournoi qui devait avoir lieu le lendemain hors de Pontoise.

A l'une de ces joûtes qui se tenaient en plein champ, Ancel de l'Isle-Adam, seigneur de Puiseux, échanson du Dauphin (depuis Charles VI), et qui plus tard devait périr à Azincourt, fut renversé par une vache échappée, ce qui donna lieu à Eustache des Champs de le couvrir de ridicule dans un de ses rondeaux.

Le malin bailli n'était guère indulgent pour ses administrés. Dans une ballade, dont le refrain :

Dieu gard' les veaux du Vequessin !

fait allusion à la célébrité des *veaux de Pontoise*, il raconte plaisamment comment on procédait à l'élection des maires dans les campagnes vexinoises. Les douze principaux d'un village, les conseillers, allaient dans un champ cueillir quelques poignées de vesces ; puis, se rangeant en cercle, ils les tendaient ensemble à un veau qu'on amenait vers eux. Celui dont ce veau prenait le premier la brassée de fourrage était proclamé *maïeur*. Il est à croire que ce singulier mode de tirage au sort fut appliqué tout au plus dans un cas isolé, que le poète a généralisé par moquerie.

Eustache des Champs, dont la verve railleuse avait dû lui attirer beaucoup d'ennemis, fut remplacé dans sa charge lorsque la faction bourguignonne prit le pouvoir. Nous ajouterons qu'il mourut pauvre ; c'est le plus bel éloge qu'on puisse faire d'un homme public.

XIX

NICOLAS FLAMEL

Parmi les personnages connus de la fin du XIVe siècle, un homme d'une physionomie singulière est Nicolas Flamel, que la tradition, à défaut de documents précis, assure être né à Pontoise.

Nicolas Flamel, écrivain juré à Paris, était frère de Jehan Flamel, lui-même un des plus excellents copistes de manuscrits de son temps, chargé par le roi de travaux en ce genre, et qu'on croit l'auteur de livres admirables, autant par l'élégance de leur texte que par leurs lettres ornées et leurs miniatures.

Nicolas Flamel et sa femme Pernelle habitaient, à Paris, une maison proche l'église Saint-Jacques-la-Boucherie, à laquelle plus tard ils léguèrent leurs biens. Cette maison était ornée de dessins religieux gravés sur pierre, où l'on a voulu voir plus tard des symboles d'une science occulte, l'alchimie, prélude obscur de la chimie moderne, à laquelle la légende assure que Flamel s'était adonné.

Nicolas Flamel tenait une classe où il recevait les jeunes enfants de plusieurs seigneurs de la Cour, auxquels il enseignait les lettres. Il amassa ainsi peu à peu une certaine fortune; aussi fit-il graver sur sa demeure cette sentence, destinée à fermer la bouche aux envieux :

Chacun soit content de ses biens :
Qui n'a souffisance, il n'a riens.

Flamel consacra la plus grande partie de sa fortune, qui fut loin d'être aussi considérable qu'on l'a cru, à des fondations charitables. Il fit bâtir une arcade au *charnier* des Innocents, à Paris, en 1389; et après la mort de sa femme, en 1407, il en fit édifier une seconde, où se trouvaient de nombreuses figures et inscriptions pieuses. La plus connue de celles-ci est un triolet ayant pour refrain :

Hélas! mourir convient (il faut mourir)
Sans remède, homme et femme!

Flamel, qu'on dit avoir été lui-même architecte, fit élever aussi le portail de Sainte-Geneviève-des-Ardents et construisit plusieurs maisons. Il mourut le 22 mars 1418; comme il ne lui restait alors aucun proche parent, il distribua tout ce qu'il possédait à des établissements de bienfaisance, à des confréries ou à des églises, pour les besoins du culte. Il légua notamment à l'*œuvre* (ou fabrique) de Notre-Dame de Pontoise un calice de vermeil ouvragé, portant en émail la Vierge et Saint-Jean au pied de la croix.

L'histoire a fait justice de tous les romans accumulés au sujet de Flamel, sous le nom duquel les alchimistes ont produit plusieurs écrits apocryphes et remplis de rêveries sur la *pierre philosophale* ou l'art de changer les métaux en or. Les conteurs de fables ont été jusqu'à prétendre que Flamel et Pernelle n'étaient point morts et qu'ils avaient découvert le secret de continuer on ne sait où une mystérieuse existence; il semble que l'honnête écrivain juré ait voulu protester contre de telles fictions en faisant graver sur sa tombe cette affirmation catégorique : *De terre suis venu et en terre retourne.*

XX

LOUIS XII A PONTOISE

Charles VII et Louis XI séjournèrent rarement à Pontoise. Au cours de la guerre dite du *Bien public*, soulevée contre Louis XI par le duc de Bretagne coalisé avec la plupart des grands vassaux de la couronne, le gouverneur du château, Louis Sobrier, livra la place aux alliés le 21 septembre 1465, et essaya de s'emparer de Meulan en arborant les enseignes royales. Mais les habitants de cette ville, prévenus à temps, fermèrent leurs portes et accueillirent la troupe ennemie par une grêle de projectiles, en leur criant : *Allez, faux et mauvais traîtres !* Cette tentative ayant échoué, Sobrier sollicita du roi son pardon, et Pontoise fut rendu à la France par le traité de Saint-Maur.

Le duc de Berry, frère du roi, et le duc de Bretagne y vinrent jurer la paix, à la fin de novembre, entre les mains du célèbre Dunois. Celui-ci fut chargé, l'année suivante, de présider un Conseil d'État réuni à Pontoise et composé de vingt commissaires qu'on appela pompeusement les *réformateurs du bien public*. Cette assemblée, suivant l'usage constant des Commissions d'enquête, n'aboutit à aucune décision. Louis XI vint s'installer, durant ce temps, dans le gros pavillon du château ; il en fut chassé par un incendie considérable qui obligea la reine Charlotte et les princesses à se sauver en chemise, au milieu de la nuit.

Pontoise fut donné en douaire à Jeanne de France, fille de Louis XI, lorsque son mariage avec Louis XII eut été rompu, en 1498. Mais la malheureuse reine n'y résida pas ; elle se retira à Bourges, où elle fonda l'ordre des Annonciades, en 1501, et mourut trois ans après. L'Église l'a béatifiée.

Louis XII, qui s'était abstenu de se rendre à Pontoise pendant la vie de sa première femme, y fit son entrée avec la nouvelle reine, Anne de Bretagne, le 28 octobre 1508. Les habitants firent à cette occasion de fortes dépenses : les échevins furent envoyés à Paris pour acheter deux superbes haquenées, de quarante écus d'or chacune ; on leur mit des brides à bossettes, des selles couvertes de velours cramoisi, des étriers dorés, et on les présenta à la reine à son arrivée.

Le couple royal pénétra dans la ville au son des clairons, des trompettes et des hautbois : et le roi, en reconnaissance de cet accueil et d'un *don gratuit* qui lui fut promis par les habitants, leur accorda une prolongation pour huit ans d'un droit octroyé à la ville par Charles VII sur les produits de la ferme du sel. Le monopole du sel, bien connu sous le nom de *gabelle*, était une source très considérable de revenus pour le Trésor, comme l'est aujourd'hui la régie du tabac et des alcools.

Cette *aide*, obtenue du Trésor et qu'on renouvelait à certains intervalles, avait pour but de permettre à la ville, dont les revenus avaient été presque entièrement taris par les désastres de la guerre, de fermer les brèches de ses remparts et d'accroître ses moyens de défense. Ses charges militaires étaient fort lourdes, car de 1509 à 1519, la municipalité dut consacrer plus de 1,200 livres à la réfection des murailles. On abattit, pour des considérations stratégiques, plusieurs édifices, et l'église des Cordeliers ne fut sauvée de la destruction que par des interventions réitérées de l'autorité royale.

XXI

LA VIE MILITAIRE SOUS FRANÇOIS Ier

Au printemps de 1523, trente mille Anglais s'avancèrent dans la Picardie et causèrent à Pontoise l'alarme la plus vive. La garnison fut renforcée ; la ville était sillonnée de troupes de passage assez indisciplinées, sur lesquelles leurs chefs avaient parfois quelque peine à remettre la main. Les gendarmes et les lansquenets, avec l'aide des arquebusiers, gardaient la ville, qui était munie d'une bonne artillerie. Mais les *aventuriers*, compagnies d'éclaireurs et de pillards détachés de l'armée ennemie, tenaient la campagne. Le jour de l'Assomption, en 1524, ils tentèrent de prendre la ville. Les gendarmes repoussèrent cette attaque et la ville, en remerciment, leur offrit un festin qui dura toute une journée.

L'année suivante, des bandes de fuyards italiens et français, échappés à la défaite de Pavie, se répandirent dans le Parisis et dans le Vexin, brûlant et dévastant les villages. Ils menacèrent l'abbaye de Maubuisson et obligèrent le gouverneur de Paris à envoyer contre eux ses archers. On put les joindre et les capturer ; on pendit les plus coupables et une trentaine furent menés dans les prisons du Châtelet.

Les villes fermées étaient tenues de nourrir et d'entretenir leurs garnisons ; elles y subvenaient au moyen de taxes locales et de réquisitions de fourrages, de bois et d'avoine, dans un rayon fort étendu. Les nobles et les gens d'Église devaient les acquitter comme tous les autres.

En 1529, le roi céda le domaine de Pontoise au capitaine Renzo ou Lorenzo de Ceré, l'un des lieutenants de Bayard. Renzo y mit sa compagnie en garnison après la *Paix des Dames*, conclue entre Marguerite d'Autriche, tante de Charles-Quint, et la reine-mère Louise de Savoie. Il prit le titre de *seigneur engagiste* de la ville.

C'était la première fois que la résidence de tant de rois et les revenus du domaine de Pontoise passaient aux mains d'un étranger. François Ier, pressé par les besoins financiers de l'État, fit ainsi nombre d'aliénations temporaires des biens de la couronne. L'un des résultats de ces opérations était de procurer quelques ressources au Trésor; l'autre était de le décharger de sa part dans les dépenses supportées par le domaine, et qui consistaient à payer les gages des magistrats, la nourriture et le transport des prisonniers, les frais des affaires criminelles, et à entretenir les bâtiments, prisons, ponts et chaussées, fortifications et châteaux. Pour donner une idée de l'étendue de ces charges, disons que la ville demanda l'autorisation de saisir à la mort de Renzo, en 1535, les biens de ce seigneur et de sa femme, pour se couvrir d'une somme de 12,278 livres, à laquelle on évaluait les réparations urgentes à faire aux ponts et chaussées. Le pont de pierre, sur l'Oise, était alors si ruiné qu'on avait dû lui substituer une passerelle en bois. Il fut rétabli depuis, mais les autres ponts qui, sous Louis XI, existaient à Cergy et Neuville, disparurent et n'ont été reconstruits que de nos jours.

XXII

PONTOISE AU XVIe SIÈCLE

L'ouvrage du cordelier Taillepied, sur les *Antiquités et singularités* de Pontoise, ainsi que les Archives municipales, nous fournissent de nombreux renseignements sur l'état de la ville sous les Valois et le genre de vie de ses habitants.

La population se composait alors, outre la garnison, d'un clergé séculier considérable ; — d'un petit nombre de nobles, les seigneurs habitant généralement leurs manoirs ruraux, qu'ils n'abandonnèrent que sous Louis XIV : — d'un corps très important de procureurs, d'avocats, de magistrats attachés aux diverses juridictions de la ville et aux prévôtés ou petits tribunaux de simple police établis dans les campagnes voisines et qui correspondaient assez bien à nos justices de paix ; — d'une bourgeoisie nombreuse et riche, presque tout entière commerçante, les rentiers et les gens oisifs étant chose fort rare ; — d'une masse ouvrière occupée aux diverses industries et organisée corporativement.

Taillepied cite les confréries des vignerons et taverniers (saint Vincent); des drapiers, chaussetiers, tapissiers, tailleurs et cousturiers (sainte Geneviève); des boulangers (saint Honoré); des tonneliers (saint Jean); des tanneurs (saint

Cucufa); des menuisiers et tourneurs (sainte Anne); des cordiers (saint Paul); des pêcheurs (saint Pierre); des arbalétriers (saint Sébastien); des cordonniers (saint Crépin); des savetiers (saint Crépinien); des rôtisseurs (saint Michel); des merciers et des poissonniers (sainte Barbe); des maréchaux et serruriers (saint Éloi); des cardeurs (saint Blaise); des telliers et tisserands (saint Clair); des médecins, apothicaires, barbiers et droguistes (saints Côme et Damien); des maçons et tailleurs de pierre (saint Louis); des ménétriers (saint Julien); des architectes (l'Ascension); des bouchers, etc. Il y avait aussi des laboureurs, des couteliers, des peintres, des tripiers, des étuvistes, etc.

La Viosne avait alors des moulins à blé, à tan, à drap, à teinture, à huile et à papier. Il se faisait un grand commerce de bois, centralisé au port du Bucherel, près de l'embouchure de la Viosne.

Les marchés, auxquels on venait de fort loin, étaient pour la ville une grande source de prospérité : aussi fit-elle appel avec succès, en 1537, au crédit de Jean-Paul de Ceré, fils de Renzo, seigneur engagiste de Pontoise, pour s'opposer à la création de deux grandes foires annuelles à Marines.

Le marché aux grains se tenait trois fois par semaine sur la place du Grand-*Martroy* (*mercatorium*, marché). L'*Étape*, devenue en s'élargissant la place de l'Hôtel-de-Ville, servait d'entrepôt aux vins de la banlieue qu'on produisait encore sur une grande échelle. Les droits d'octroi excessifs dont on les chargea à l'entrée firent que ce commerce se ralentit et perdit peu à peu toute son importance.

Au XVIe siècle, Pontoise avait un marché aux pourceaux et un marché au sel.

Les vendredis et samedi s'ouvrait le marché aux fruits et légumes, beurre, fromage et crème. Cependant, chaque jour on apportait sur la place « pommes, poires, prunes, cerises, poirées, poireaux, persil, aulx, civette, oignons, choux, navets, cresson, laitues, et toutes autres herbes qu'on mange. » Les maraîchers ne payaient aucun droit de stationnement, mais les religieuses de l'Hospice prélevaient sur les produits exposés un droit de *havage* pour l'alimentation journalière de leurs malades. Ce tribut en nature ne dépassait pas une *havée* (ce que l'on peut emporter d'une seule main).

Les gens du dehors étaient admis à s'approvisionner de légumes et de fruits après que les bourgeois avaient fait leurs acquisitions. On réservait aux citadins la matinée ; vers onze heures, le son d'une petite cloche annonçait que la place était ouverte aux étrangers.

Pour les jours d'abstinence, les cargaisons de poisson frais et salé qui remontaient l'Oise dans des nefs et se déchargeaient sur le port, ou qu'on amenait à dos de mulet des bords de la mer, venaient s'étaler dans une place connue dès lors sous le nom de *Harengerie*. Ce triangle était garni, de même que le Martroy, de loges ou *hériquets* affermés au profit de la ville. On y vendait, outre les harengs, des huîtres, des écrevisses, des soles, carpes, goujons, brochets, anguilles, lamproies, tanches, barbeaux, et beaucoup d'autres sortes de poissons.

Trois portes donnaient accès à la Harengerie. On les fermait à l'heure des offices, le dimanche et les jours de fête. L'observance, à cet égard, était fort stricte. « Le peuple de Pontoise (que Dieu garde), dit Taillepied, est tant affectionné et dévôt envers Dieu, qu'on ne verra jamais hommes vagabonds parmi les rues, ni aux tavernes, cependant qu'on dira vespres, la messe, ou durant les sermons qui se font tous les dimanches. Que si on en trouve quelques-uns qui jouent ou qui ivrognent durant le sermon, on ne les laisse pas impunis, si on peut les appréhender. »

Les commerçants s'entendaient pour que, le dimanche, un seul d'entre eux, à tour de rôle, ouvrît boutique.

Les habitants s'assemblaient pour les affaires municipales, au son de la cloche, toutes les fois qu'une question importante était en jeu, et délibéraient notamment sur les mesures pouvant entraîner des impôts extraordinaires. La ville n'avait que fort peu de ressources permanentes : la location de la Grande-Boucherie, qui donna jadis son nom à l'un des tronçons de la rue Basse actuelle ; de six boutiques sur le pont et des étals de la Harengerie et de la Pierre au Poisson. Quand une nécessité publique se présentait, il fallait établir sur tous les habitants une cotisation personnelle proportionnelle à leur revenu : les indigents et les ouvriers en étaient exempts.

XXIII

LE JUBILÉ DE 1550 A NOTRE-DAME

L'église Notre-Dame, située hors des remparts, et dont nous avons dit plus haut les dimensions monumentales, avait été ruinée en partie pendant les dernières années de la guerre de Cent Ans; il s'agissait de la relever, de l'agrandir et de la mettre elle-même en état de défense, pour qu'elle ne pût être de nouveau l'objet des insultes des ennemis. Afin de procurer aux fabriciens des ressources supplémentaires, le pape Jules III désigna Notre-Dame de Pontoise pour l'unique station du Jubilé de 1550, dans toute la province de Rouen. L'affluence fut énorme, et dans la journée du 8 septembre, on compta, dit-on, cent mille pèlerins accourus des divers points de la Normandie. Le produit des offrandes qu'ils laissèrent dépassa 1,200 livres.

Ces visiteurs trouvaient aisément à se loger; car si les maisons de secours spéciales aux pèlerins, tels que l'hôpital Saint-Antoine au val d'Ennery, et l'hôpital Saint-Jacques, étaient en décadence ou quasi abandonnées, la plupart des maisons contenaient des chambres qu'on louait aux étrangers, auxquels on donnait l'hospitalité de la famille; c'est ainsi que presque chaque demeure avait une enseigne permettant de la reconnaître et qui remplaçait le numérotage, inconnu jusqu'au XVIIe siècle.

Les pèlerinages ordinaires, sans attirer de pareilles foules, amenaient à Pontoise des quantités de « gentilshommes, marchands et autres gens, » et aussi, comme bien l'on pense, des légions de mendiants, estropiés ou incurables, qui remplissaient le porche de l'église, « criant et braillant, et le plus souvent s'entrebattant. » Après maintes sentences rendues contre ces vagabonds, le prévôt-maire dut ordonner en 1566, que tous ceux qui seraient trouvés en contravention seraient « fustigés nus de verges par l'exécuteur des hautes œuvres. »

Ce n'était pas seulement les mendiants qui se disputaient les abords de l'église. Les Quinze-Vingts de Paris avaient le privilège de pouvoir mettre à l'entrée d'une des portes une table et un tronc tenus par un de leurs confrères aveugles ; on voulut supprimer cet usage, mais ils obtinrent de Charles VI qu'il envoyât un sergent d'armes (un de ses gardes), pour les maintenir en possession de leur droit.

On trouve, à l'occasion du pèlerinage de Notre-Dame, un exemple curieux de la procédure du moyen âge.

En 1497, une truie fut traduite en jugement et condamnée à être assommée, ses chairs coupées et jetées aux chiens, pour avoir mangé le menton d'un enfant de Charonne. La sentence obligea le propriétaire de l'animal et sa femme à faire, pour leur part de responsabilité, un pèlerinage à Notre-Dame de Pontoise, le jour de la Pentecôte, à *crier merci* (à demander grâce) à haute voix, et à rapporter un certificat constatant qu'ils avaient accompli cette réparation.

Les châtiments infligés aux animaux n'étaient pas rares, et près de cinquante ans après, une truie qui avait dévoré un enfant au berceau fut pendue par ordre du bailli de Maubuisson.

XXIV

LES ÉTATS GÉNÉRAUX DE 1561

On sait quels terribles déchirements les discordes religieuses et politiques amenèrent en France dans la seconde moitié du XVIe siècle. Les difficultés inextricables au milieu desquelles se trouvaient les chefs du gouvernement, la régente Catherine de Médicis et ses conseillers le duc et le cardinal de Guise, après la mort imprévue et prématurée de Henri II et de son fils aîné François II, les décidèrent à recourir à un moyen depuis longtemps délaissé : les États généraux du royaume furent convoqués à Orléans le 30 décembre 1560. Après un mois de session, ils se séparèrent pour se retrouver à Pontoise le 1er mai. Les événements retardèrent leur réunion jusqu'au 1er août 1561. L'assemblée se tint dans la grande salle du couvent des Cordeliers, le réfectoire où siégea plus tard le Parlement, et dont les verrières représentaient tous les repas célèbres de l'histoire sainte, depuis celui d'Adam et d'Ève et le banquet d'Assuérus jusqu'au dîner des noces de Cana et au veau de l'Enfant prodigue. On y lisait une inscription du XVIe siècle, en forme de maximes, pleine d'enseignements salutaires pour les assemblées délibérantes :

Qui n'a patience,
Il n'a pas science.
Qui a patience
Il a grand science.
Science sans patience
N'est pas science.

Qui a science et patience
Il est bien sage en sapience.
Apprends donc d'avoir patience
Qui vaut mieux que toute science.

Les députés de la noblesse et du tiers, au nombre de treize pour chaque état, se trouvèrent seuls à Pontoise; les représentants du clergé s'étaient transportés à Poissy pour y tenir, avec les ministres protestants, un *colloque* ou conférence contradictoire.

Les États de Pontoise, composés de *modérés* et de quelques partisans du calvinisme, formulèrent des vœux qui jettent un jour curieux sur les aspirations de l'opinion moyenne du pays. Ils demandaient une session des États tous les deux ans, la liberté religieuse, la convocation d'un Concile national, la réforme du clergé, l'unité dans la justice, le vote de l'impôt, l'interdiction de toute guerre offensive sans l'assentiment des États. Ils approuvèrent le gouvernement établi et la régence de la reine-mère, mais ils demandèrent l'exclusion du Conseil des cardinaux et des princes étrangers. Sur la question financière, ils émirent le vœu : que le clergé fût dépouillé de la totalité de ses biens, et que le produit de la vente fût employé à l'extinction de la dette, à alléger certaines impositions, enfin à fournir aux prêtres un traitement et une indemnité convenable.

Ils demandaient aussi, en matière d'instruction, l'établissement, auprès de chaque collégiale, d'un *précepteur* élu par les chanoines, maire, échevins et quarante notables, pour instruire la jeunesse *gratuitement* et *sans salaire*. Le roi approuva ce vœu, auquel nous devons la naissance de plusieurs de nos collèges communaux. Un autre article réclamait la traduction des livres saints en langue française. Enfin, qui l'eût cru? l'article 49 proposait en quelque sorte l'établissement du *libre-échange*, dont les théories n'ont été mises en pratique que sous le second Empire.

On voit que l'esprit de cette assemblée se ressentait singulièrement de l'influence des idées des réformateurs.

Les catholiques repoussaient hautement ces tendances, les considérant comme des concessions désastreuses à l'hérésie, et, dès 1562, la guerre civile éclata. Le prince de Condé et le roi de Navarre se mirent à la tête des calvinistes, les Guises défendirent le drapeau catholique et infligèrent à leurs adversaires la défaite de Dreux. La guerre continua, après plusieurs vains essais de pacification, et aboutit, en 1572, au massacre de la Saint-Barthélemy, et, en 1576, à la constitution de la Ligue, destinée à forcer la main à l'autorité royale dans le sens de la lutte contre la Réforme.

XXV

FONDATION DU COLLÈGE

Il existait à Pontoise, dès les premiers temps du moyen âge, des écoles tenues d'abord par les chanoines de Saint-Mellon, et depuis par des maîtres nommés pour trois ans, qui venaient recevoir solennellement les verges, emblèmes de leurs fonctions, des mains du Chapitre. D'autres écoles, dépendant de l'abbaye de Saint-Martin, existaient dans le quartier Notre-Dame.

Vers le commencement du XVIe siècle, la Confrérie aux Clercs établit un *séminaire* pour donner une instruction plus élevée à la jeunesse, et, le 9 décembre 1563, elle décida de le transformer en collège et de consacrer à son entretien le surplus libre de ses revenus. La chapelle fut construite à ses frais : elle assura 50 livres de pension aux régents. Le règlement fut approuvé par la Municipalité le 4 mai 1564. Le principal, tenant la classe de première, les quatre régents et le professeur de mathématiques, formant le personnel enseignant, étaient choisis par les échevins, assistés de l'avocat et du procureur du roi (les magistrats du Parquet), et devaient être « gens de bonne vie et mœurs et non suspects d'hérésie. » On les prenait ordinairement parmi les prêtres, et de préférence parmi le corps, si nombreux, des chapelains de la Confrérie. Il leur était défendu de paraître en robe courte ; ils devaient porter la robe longue et le bonnet carré. On leur interdisait également de lire aux élèves des livres qui n'eussent été examinés par le principal ; d'user de sévices ou de sévérité envers les enfants, et de chercher à détourner au profit de leur classe les élèves d'un de leurs collègues. Voici l'horaire des études fixé par ce règlement :

Messe à 7 heures et demie. Classe de 8 heures à 11 h. ; puis *dispute* et *composition* pendant une demi-heure. Après déjeuner, classe de 2 à 5 heures. Congé de *relevée* (l'après-midi) les mercredis et samedis. Catéchisme le dimanche matin ; ce jour-là, les écoliers ne sortent qu'après l'heure des offices, « crainte qu'ils ne fassent quelque insolence ou ne soient vagabonds çà et là pendant les messes de paroisse. »

Les élèves font des thèmes, des versions en latin et en grec, récitent des discours, déclament et jouent des tragédies et des comédies ; chaque semaine, le principal doit faire composer ensemble tous les élèves et les interroger pour s'assurer de leurs progrès. Le latin est la langue obligatoire dans l'intérieur du collège.

Le règlement de 1564 fut exécuté jusqu'à la Révolution. Toutefois, bien des innovations se firent dans les procédés d'enseignement. En 1739, par exemple, l'abbé Fromant, depuis principal du collège de Vernon, ami de Rollin, fit soutenir à ses élèves, en présence du prince de Turenne et du chevalier de Ramsay, son gouverneur, des exercices sur les principes généraux des trois langues classiques, appliqués à des fables comparées d'Esope, de Phèdre et de La Fontaine, puis à des églogues de Théocrite, de Virgile et de Segrais.

Le collège de Pontoise, d'où sont sortis, pendant les XVIIe et XVIIIe siècles, une foule d'illustrations, eut à subir de grandes vicissitudes. Les Jésuites en sollicitèrent plusieurs fois la direction, d'accord avec les habitants ; mais le Parlement refusa constamment d'enregistrer les lettres patentes du roi en leur faveur. Sous Louis XIV, un arrêt de 1675 dépouille le collège des bénéfices que Charles IX et Henri IV y avaient réunis, la *maladerie* d'Ivry et la léproserie (hôpital Saint-Lazare) de Saint-Ouen-l'Aumône. Les habitants de Saint-Ouen, auxquels on promettait de faire revivre ce vieil établissement, eurent beau représenter énergiquement que « la lèpre est entièrement inconnue, mais qu'il est d'une importance très-connue de guérir les maladies de l'esprit et de l'âme qui se trouveront sans ressources, si on ne leur fournit des principes de conduite. » Le collège, ruiné par ce décret, fut fermé pendant deux ans. La Confrérie aux Clercs se remit à l'œuvre, et, à force de sacrifices, elle le releva si bien, qu'en 1720, cet établissement possédait 3,700 livres de rente sur l'Hôtel-de-Ville. La banqueroute de Law les réduisit à 1,900. On dut alors supprimer les bourses fondées pour permettre aux meilleurs élèves pauvres de continuer leurs études à Paris.

Les bourses étaient extrêmement nombreuses dans les anciens collèges, car c'était la coutume des prélats ou des personnes riches d'en fonder par testament. Un curé d'Auvers, enterré à Saint-Maclou en 1596, avait à lui seul créé à Pontoise 4 bourses pour les enfants de sa paroisse.

Dans le cours du XVIIIe siècle, un nouveau danger menaça le collège. Ses bâtiments, par leur vétusté, faisaient prévoir une ruine prochaine. La Confrérie aux Clercs, après s'être épuisée, alla jusqu'à s'endetter pour le secourir, et contracta un emprunt de 10,000 livres pour faire entièrement restaurer les classes et rebâtir la chapelle et le logement du principal.

Le collège de Pontoise perdit tous ses biens à la Révolution, et fut remplacé, pendant quelque temps, par des professeurs libres. En 1793, les élèves du citoyen Cœuré, au nombre de quarante-quatre, demandèrent solennellement, par voie de pétition, au Conseil municipal, l'abolition de la peine du fouet, inventée par les despotes de la féodalité. « Si quelques-uns d'entre nous méritaient punition, écrivaient-ils, dites-leur qu'ils ne sont pas dignes d'être républicains ; cette réprimande leur fera plus d'impression que la vue de toutes les verges de la République. » La Municipalité ne se laissa pas toucher par ces raisons et maintint l'exercice du fouet, en se bornant à donner trois jours de congé aux pétitionnaires, pour les féliciter de leurs sentiments civiques.

Sous le Consulat, le gouvernement concéda les bâtiments du collège, pour y établir un vaste pensionnat, à M. Blanvillain, professeur distingué, qui fut plus tard bibliothécaire d'Orléans.

Le collège est actuellement un établissement municipal, de plein exercice, où l'on donne l'enseignement secondaire classique, l'enseignement secondaire spécial et l'enseignement primaire. Il renferme des internes (dont la pension est de 600 fr.) et reçoit aussi des externes ; il est dirigé par un principal et un sous-principal, assistés d'un aumônier, de huit professeurs titulaires, d'un instituteur et de professeurs de langues, de musique, d'hygiène, de gymnastique, d'escrime, etc. C'est un des premiers collèges de France où la Sténographie ait été officiellement enseignée.

XXVI

LA LIGUE A PONTOISE

Ce fut avec un enthousiasme passionné que la très grande majorité des habitants de Pontoise embrassa le parti de la Ligue. Calvin avait habité le Vexin et y avait cependant laissé des disciples. Les *réformés*, parti politique autant que secte religieuse, s'étaient multipliés dans la région, et comptèrent dans la bourgeoisie pontoisienne des adhérents plus ou moins dissimulés, mais toujours en butte à la haine publique.

Une circonstance vint augmenter encore l'animosité populaire. En 1553, un calviniste profitant de ce que la statue de la Vierge, placée sous le porche de Notre-Dame, n'était point gardée la nuit, abattit furtivement la tête de l'Enfant-Jésus et la jeta dans l'Oise. Mais, dès le lendemain matin, cette tête mutilée fut retrouvée dans le filet du maître du pont et rapportée à l'église. Cette profanation fut l'occasion d'une manifestation formidable et rendit aigu le conflit des opinions.

Après le massacre de Vassy, la guerre ayant éclaté, les deux principaux magistrats de la ville, Jean Boicervoise, lieutenant civil et criminel du bailli de Senlis, et Charles Choart, prévôt vicomtal en garde, furent poursuivis à la requête du lieutenant général du roi et de la Municipalité, convaincus d'avoir assisté à des prêches et baptêmes huguenots, et condamnés, par arrêts du 23 juillet et du 1er août 1562, à être pendus et étranglés, et leurs biens confisqués au profit de la ville. On éleva devant l'hôtel du lieutenant civil une pyramide surmontée d'une croix : ce monument expiatoire a fait donner à cette place le nom de place de la *Belle-Croix*.

Boicervoise fut exécuté ; Choart avait pris la fuite. Mais, dès l'année suivante, un des édits de pacification promulgués durant le cours de cette guerre, et toujours pour une durée assez éphémère, ayant autorisé l'exercice du culte protestant, le Roi désigna Pontoise comme siège d'un des temples. Dès qu'ils apprirent cette décision, les habitants se soulevèrent ; ils envoyèrent députés sur députés au maréchal de Montmorency, à l'archevêque de Rouen, et enfin à Charles IX, qui dut céder à ces instances et transférer l'exercice de la religion réformée dans les faubourgs de Verberie.

De grands préparatifs se faisaient pour éviter que Pontoise, si durement maltraité pendant la guerre de Cent Ans, pût être surpris. Dès 1557, Henri II établit à Pontoise une salpétrière pour la fabrication des poudres. En 1567, l'assemblée des habitants décida d'envoyer à Moulins, où était le Roi, cinq députés, le drapier Jacques Cuvernon, les notaires Turpin et Charton, le procureur Gériteau et l'avocat Robert Duval, pour appeler l'attention du souverain sur la situation périlleuse de Pontoise. Ce voyage, entrepris par de simples bourgeois, au centre de la France, en pleine guerre civile, était un véritable acte d'héroïsme. Le Roi le reconnut ; il se fit présenter les délégués pontoisiens par les deux présidents du Parlement de Paris, de Thou et Séguier. Robert Duval fit, sur les dangers de son pays, une harangue éloquente qui produisit une grande sensation : Charles IX y répondit avec émotion, et promit de s'occuper des intérêts de sa bonne ville de Pontoise.

En 1576, la compagnie de l'Arquebuse, réorganisée, obtint des lettres patentes confirmant son établissement comme milice reconnue et le privilège, pour le chevalier vainqueur au tir du *papegai* (du perroquet), d'être exempté d'impôts pendant l'année. Cette vaillante Compagnie, chargée de la garde des portes de la ville et des rondes de nuit, portait comme uniforme l'écharpe et la livrée vert de mer, l'habit de satin gris pour le capitaine, et de taffetas rouge pour le porte-enseigne. Sur sa bannière verte on voyait un saint Louis tenant le sceptre et la main de justice. (1)

(1) En 1778, quand le prince de Conti rétablit la Compagnie, dont les exercices étaient interrompus depuis 45 ans, elle changea son costume; elle abandonna le satin gris d'épine à brandebourgs pour adopter l'habit rouge à la poulaine, à revers et parements bleu céleste bordés d'un galon d'argent, le collet de velours noir, la veste, la culotte et les guêtres blanches, et le chapeau uni empanaché de blanc.

Elle avait son hôtel, au Pothuis, où elle donnait des fêtes et des joûtes aux Sociétés du Parisis, du Vexin, du Beauvaisis et de la Normandie; les chevaliers avaient pour nom de guerre les *usuriers*, sobriquet dont l'origine remonte sans doute au temps des Juifs.

XXVII

LE SIÈGE DE 1589

Au commencement de 1588, la Ligue confia la défense de Pontoise à Charles de Neufville-Villeroy, baron d'Halincourt, près Magny, premier gentilhomme de la chambre du roi, et lui donna pour lieutenant Edme de Hautefort. Une foule de nobles et de capitaines servait sous leurs ordres ; les troupes régulières enfermées à Pontoise se composaient de 2,000 arquebusiers des régiments d'Halincourt, de Hautefort et de Tremblecourt, d'un corps de lansquenets qui servait d'éclaireurs, et de 500 chevaux, en tout à peu près 4,000 hommes, en y comprenant les habitants armés.

Malgré la retraite d'un certain nombre de ceux-ci, qui redoutaient un siège imminent, l'encombrement causé par ce déploiement de forces était tel, que la plupart des maisons devaient loger plus de dix soldats, et quelques-unes vingt et vingt-cinq.

Depuis deux ans, des travaux de défense considérables avaient été faits autour de la ville : Nicolas Mercier (ou Le Mercier), « l'un des meilleurs architectes de France, » père du fameux Jacques Le Mercier, fut chargé par le gouverneur de construire de nouvelles tours et d'augmenter les fortifications du château ; la Confrérie aux Clercs fit élever des casemates pour protéger l'église Notre-Dame, qui devint ainsi un ouvrage avancé ; on creusa des fossés à l'entrée des rues, on mura les portes, sauf celles d'Ennery, du Pont et Chapelet (qui communiquait avec l'église Notre-Dame), enfin on démolit un certain nombre de maisons où l'ennemi eût pu s'embusquer.

L'armée de Henri III et du roi de Navarre (depuis Henri IV et qu'on appelait alors le *Béarnais*) se présenta devant Pontoise le 8 juillet 1589 : elle était forte d'environ dix-huit mille hommes. Le maréchal de Biron pensa fort judicieusement que le point faible était le quartier Notre-Dame, et c'est là que le mardi 11 juillet eut lieu un premier combat, sous les yeux du roi de Navarre. Les alliés furent repoussés, laissant quatre cents hommes sur le terrain. Le lendemain, l'artillerie royale, composée de sept pièces, lança force boulets contre les remparts, ce qui causa bientôt dans la ville une véritable panique. L'émotion s'accrut encore lorsqu'on apprit que Hautefort, lieutenant du baron d'Halincourt, venait d'être tué d'un coup d'arquebuse devant le grand portail de Notre-Dame, pendant qu'il excitait les habitants et les soldats à jeter, sous le feu de l'ennemi, des matelas et des fagots pour combler la brèche faite par la canonnade.

La situation devenait grave. M. de Villeroy et plusieurs chevaliers partirent pour Paris, où était le duc de Mayenne, afin de chercher des renforts. Un certain nombre d'habitants les suivirent, abandonnant leurs maisons, qui furent pillées par les Ligueurs. Le 13 juillet, nouvelle attaque où le duc d'Épernon se montra d'une bravoure presque téméraire ; il sauta le premier sur une des barricades, et eut plus de cent de ses hommes tués autour de lui. Pendant l'action, le roi de Navarre, appuyé sur les épaules de son mestre de camp Charbonnières, suivait les phases de la lutte, quand un coup de feu tiré des remparts vint briser les deux bras de cet officier, qui s'affaissa, mortellement frappé, aux pieds du roi. Cette mort fut très sensible au Béarnais, qui aimait beaucoup Charbonnières. Les attaques recommencèrent de plus belle ; on essaya d'une mine qui fut déjouée par les assiégés ; des canons furent avancés à grand'peine jusqu'auprès de la muraille, mais les habitants jetèrent dessus, du haut des tours de l'église, des fascines goudronnées et réussirent ainsi à en brûler les affûts et les roues. Il fallut les retirer à grand'peine. D'autres tentatives faites pendant la nuit, ne furent pas plus heureuses. Le 18, néanmoins, un évènement se produisit, bien fâcheux pour les Pontoisiens; le baron d'Halincourt fut blessé au bras, d'une arquebusade qui le mit quelque temps en danger. Le lendemain, de grands renforts d'artillerie arrivèrent aux alliés. Le 23, le roi de Navarre transféra son quartier général d'Ennery à Maubuisson, dont l'abbesse s'était enfuie, et dont le mobilier et le trésor furent alors entièrement pillés. Henri III, de son côté, était logé à Saint-Martin.

Le 23 juillet, après douze jours d'une défense héroïque, où les femmes de Pontoise avaient montré une vaillance à laquelle l'histoire rend hommage; voyant leurs principaux chefs morts ou hors de combat, leurs remparts désemparés et l'église Notre-Dame devenue un monceau de ruines impossible à défendre, ne recevant du duc de Mayenne aucun secours, les habitants se décidèrent à envoyer au camp de Saint-Martin des parlementaires : Henri III les reçut avec douceur et leur accorda des conditions honorables « par égard pour la belle défense de la ville. » La garnison sortit avec armes et bagages, sans autre obligation que celle, purement fictive, de ne point servir pendant trois mois contre les alliés. Le roi de Navarre poussa la courtoisie jusqu'à fournir 1,800 chevaux aux défenseurs de Pontoise, pour emporter leurs malades et leurs blessés.

La ville n'eut à souffrir aucune atteinte, mais elle dut payer une contribution de guerre fixée d'abord à 60,000 écus, et réduite à 45,000 dans la suite. Cette imposition, qu'on peut évaluer à 680,000 francs de notre monnaie, fut pour Pontoise une cause de décadence financière contre laquelle elle essaya vainement de réagir. Ce fut en même temps la raison d'être d'une dépopulation considérable, car, outre les victimes de la guerre et ceux dont les maisons avaient été détruites par le bombardement ou l'incendie, un grand nombre de personnes quittèrent la ville pour échapper aux charges écrasantes infligées aux habitants.

XXVIII

LE DERNIER SIÈGE DE PONTOISE

Quelques jours après la reddition de Pontoise, après avoir passé devant cette ville, le 26 juillet, la revue de son armée, forte de 42,000 hommes par la jonction de beaucoup de troupes nouvelles, Henri III fut assassiné, le 31, à Saint-Cloud, par Jacques Clément. La Ligue proclama roi le cardinal de Lorraine, sous le nom de Charles X : le Béarnais fut salué, de son côté, par les Huguenots, roi de France et de Navarre, sous le nom de Henri IV. Mais la plupart des troupes alliées l'abandonnèrent, et il dut lever le siège de Paris.

La garde de Pontoise fut confiée à Pierre de Mornay, sieur de Buhy, et au capitaine de Miraumont. Henri IV passa la journée du 10 août à Pontoise : il chargea l'architecte Du Cerceau de réparer les fortifications, et fit abattre ce qui restait de l'église Notre-Dame. Ce fut avec les démolitions que les habitants reconstruisirent l'église actuelle, qui fut dédiée le 16 avril 1599.

Dans le courant de l'automne eut lieu la mémorable bataille d'Arques, où Henri IV, avec 7,000 hommes, eut l'avantage sur 30,000 soldats de la Ligue. Le duc de Mayenne voulut réparer cet échec. Profitant de l'absence du gouverneur Mornay, il investit Pontoise avec 2,000 chevaux et 12,000 fantassins. Vingt pièces d'artillerie ouvrirent le feu le 1er janvier 1590. Après une furieuse canonnade qui dura six jours, la garnison, ne pouvant tenir dans une place déjà démantelée par le premier siège, capitula, et n'obtint que la vie sauve. La ville accueillit comme une délivrance le départ des Huguenots, et s'unit aux Parisiens pour célébrer ce fait d'armes avec de grands transports de joie. Le baron d'Halincourt fut rétabli dans le gouvernement de Pontoise.

Au mois de mai 1590, Henri IV, après la victoire d'Ivry, vint mettre le blocus devant Paris : voulant empêcher que les Ligueurs ne fissent de Pontoise leur magasin et un point de ravitaillement, il isola cette place en s'emparant de Beaumont-sur-Oise et de Conflans-Sainte-Honorine. Ce fut alors que les habitants d'Herblay, sommés de remettre au roi les clefs de leur bourgade (que le seigneur avait fait entourer de murailles en 1588), ayant manifesté des dispositions hostiles, le roi leur interdit à perpétuité de se servir de charrettes sur les routes : prohibition originale, dont les traces ont duré jusqu'à la Révolution.

A la fin de 1590, Pontoise fut menacé d'un nouveau siège ; le duc de Mayenne et le baron d'Halincourt échangèrent alors une correspondance très active dans laquelle le chef des armées de la Ligue déclare à son lieutenant, à Pontoise, que « sa conservation lui est aussi chère que celle de ses propres enfants. » Il n'hésite pas à ordonner de raser complètement les faubourgs de la ville, et même de démanteler l'abbaye de Saint-Martin. Dans l'été de 1591, la garnison de Pontoise tenta de s'emparer de Mantes : elle surprit le château de l'Isle-Adam, et y mit le feu. Le baron d'Halincourt tenait si ferme son poste que, le 13 mars 1594, les troupes du roi conclurent avec lui un armistice d'un an, comportant la neutralité de l'Isle-Adam. Dans l'intervalle, Henri IV abjura le protestantisme à Saint-Denis, le 25 juillet ; cet acte dissipa les derniers obstacles qui s'opposaient à sa reconnaissance comme souverain légitime par tous les Français. Mais ce fut seulement en février 1594 que Pontoise se rendit définitivement. Le baron d'Halincourt reçut du Trésor royal l'énorme somme de 124,200 écus (près de deux millions), et resta gouverneur de Pontoise aux appointements de 1,800 livres par an. Il était fort attaché à cette ville, où naquirent la plupart des enfants issus de ses deux mariages avec Marguerite de Mandelot, qui mourut à Pontoise le 10 juillet 1593 et fut enterrée aux Cordeliers, — puis avec Jacqueline de Harlay Sancy, qu'il épousa le 11 février 1596, — et notamment Nicolas, duc de Villeroy, né le 17 octobre 1598, qui devint maréchal de France sous Louis XIV, après avoir été le gouverneur de ce prince pendant sa jeunesse.

Charles d'Halincourt avait acheté, le 23 août 1593, de Nicolas Aublin, sieur de Favelles, le domaine de Pontoise; il le revendit au cardinal de Richelieu le 31 octobre 1626. Il mourut à Lyon, dont Louis XIII l'avait fait gouverneur, le 18 janvier 1642, à l'âge de 76 ans.

XXIX

HENRI IV A MAUBUISSON

Nous avons vu que Henri IV, au cours des guerres de la Ligue, avait fait près de Pontoise et dans cette ville différents séjours. Après la pacification du pays, une circonstance assez curieuse contribua à le ramener fréquemment dans le voisinage.

La favorite Gabrielle d'Estrées avait une sœur, Angélique, abbesse de Berthaucourt en Picardie, chez laquelle elle logeait. Un jour que le roi l'était allé voir, elle lui demanda de donner à sa sœur une abbaye plus proche de Paris. Comme il lui répondait qu'il n'en voyait point à sa convenance, elle insista et lui signala Maubuisson, dont la communauté, à la faveur des troubles, avait élu pour abbesse Françoise de Possé, nièce de la précédente supérieure, sans que le roi, conformément au Concordat, eût approuvé cette élection. « Henri promit d'y songer, et à quelques jours de là, étant allé à la chasse dans les environs de l'abbaye, il arriva, comme par hasard, sous les murs ; il fit demander à entrer. Ce fut grand honneur et grande joie. Il se rendit tout droit au logis abbatial, vers dame abbesse qui s'avançait en hâte pour le recevoir. Le roi, s'entretenant avec elle, lui dit sans avoir l'air d'y mettre importance : « Madame l'abbesse, qui est-ce qui vous a donné vos *provisions* (on appelait ainsi les lettres de nomination) ? »

» Cette bonne fille, n'y entendant pas malice, et saisissant l'occasion de voir confirmer d'un brevet royal son élection libre, repartit bien vite avec révérence : « Sire, vous me les pouvez donner quand il vous plaira. »

» Le roi répliqua en souriant : « J'y penserai, Madame l'Abbesse, » et ensuite se retira, en faisant dire à cette bonne dame qu'il voulait donner la charge à une autre. » Elle prit peur et s'en retourna, sans plus attendre, dans son ancien couvent. Le roi vint lui-même installer à sa place Angélique d'Estrées, qui n'avait d'une religieuse que l'habit, et dont le passage à Maubuisson consomma la ruine morale et matérielle du monastère. Maubuisson était rempli d'officiers et de gens de Cour, qui y donnaient des bals et des comédies. Le roi y venait souvent. Cet état de désordre dura deux ans ; mais, en avril 1599, une mort inopinée, attribuée au poison, enleva tout à coup la célèbre favorite.

Gabrielle d'Estrées fut enterrée à Maubuisson, sous une tombe de marbre blanc surmontée d'une fort belle statue, aujourd'hui conservée au musée de Laon. Le roi fit prendre le deuil à la Cour, et il continua à couvrir de sa protection la sœur de Gabrielle. Ce fut seulement en 1618 que cette indigne abbesse fut chassée par ordre de Louis XIII, et ce qui restait de la communauté confié à la Mère Angélique Arnauld, depuis supérieure de Port-Royal. Ses efforts rétablirent à Maubuisson la réforme la plus austère, en même temps qu'elle y sema les premiers germes du jansénisme.

XXX

LE BRIGAND GUILLERY

Les vols domestiques étaient rares au moyen âge, de même que les autres crimes. La répression en était d'ailleurs très sévère : c'était le *fouet*, si le vol n'avait pas grande importance ; la *hart* (autrement dit la corde ou la potence) ; la *roue*, en cas de circonstances aggravantes, et même le *feu*. Une enquête de 1573 constate que dans le cours des cinquante années précédentes, dans le ressort de la prévôté de Maubuisson, comprenant trois villages, un homme avait été brûlé et deux autres pendus, pour « volleries et larronneries. » L'un d'eux était un braconnier qui allait prendre le poisson de l'étang des religieuses ; un autre était un détrousseur de grand chemin, qui fut exécuté en 1518 par le maître des hautes œuvres de la vicomté de Paris.

Grâce à cette sévérité, qui réfrénait le vice à sa naissance et terrorisait les malintentionnés, les bandits étaient, à cette époque, à peu près les seuls voleurs habituels ; ils étaient très redoutés, car ils opéraient en grand, avec des ressources parfois surprenantes. La tradition s'en perpétua jusqu'au siècle dernier : les bandes de Cartouche et de Mandrin conservaient encore quelque chose des *aventuriers* du temps de François Ier et se livraient à des coups de main d'une grande hardiesse. Pendant les derniers temps de la Ligue et les années qui suivirent, le Vexin fut ravagé par des troupes de pillards organisés, qui, logés dans les fameux *bois de Chars*, détroussaient les marchands et les voyageurs. Le *compère* Guillery, resté populaire dans une ronde enfantine, fut l'un de leurs chefs, et voici l'anecdote que rapporte à son sujet l'*Inventaire général de l'Histoire des Larrons* (1) :

« Un jour un brigand de la troupe de Guillery s'estant un peu trop aventuré, fut grandement surpris sur le marché de Pontoise et estant recognu par deux marchands qu'il avoit autrefois volez, ils le firent prendre, et luy fit-on en mesme temps son procès ; il fut condamné à estre roué pour les crimes par lui commis et qu'il confessa estant à la gehenne (à la torture), et l'exécution faite. Comme le bourreau de Pontoise alloit en quelque ville prochaine pour faire quelqu'autre exécution, il rencontra Guillery habillé en marchand, lequel luy demanda quel bruit il y avoit à Pontoise, et s'il n'y avoit point du hazard aux marchands d'aller porter leurs marchandises au marché. Le bourreau luy fit responce qu'il y avoit assez longtemps qu'on parloit d'un nommé Guillery qui ravageoit par toute la France, mais que Dieu mercy le nombre de ses complices descroissoit de jour en jour, parce qu'il en venoit de mettre un sur la roue. « Ah ! dit Guillery, tu es donc le bourreau de Pontoise ? Vraiment, je suis bien aise de t'avoir rencontré, car j'ay toutes les envies du monde de savoir ce qu'on dit de ce meschant et misérable voleur. »

» Et comme ils eurent cheminé quelque temps ensemble, ils entrèrent dans une forest, où Guillery ayant donné un coup de sifflet, se vit aussitost entouré de dix ou douze de ses compagnons. Le bourreau neantmoins ne se doutoit de rien, car ils estoient tous bien vestus, et ne se fust jamais persuadé d'estre au milieu des voleurs et si près de celui qu'il blasmoit si outrageusement.

(1) Rouen, 1645, in-12, liv. II, p. 20. — Dans ce récit, l'auteur donne à Guillery un nom fantaisiste, mais il lui restitue son nom véritable liv. II, p. 63.

» Guillery luy ayant fait reciter de rechef l'exécution qu'il venoit de faire d'un de ses complices, et le bourreau faisant des rodomontades, et jurant qu'il en voudroit avoir fait autant à tous les autres qui couroient par les provinces de France, deux des plus robustes de la troupe le saisirent, et lui dirent que, puisque le malheur vouloit qu'il ne se trouvast pas de commodité pour le rompre, il seroit pendu ; ce qu'à l'heure même ils exécutèrent sans autre forme de procès. »

Le bourreau eut sa revanche un jour, car Guillery et ses deux frères furent rompus en 1608.

XXXI

CAPTIVITÉ DE MARILLAC

Les dissensions politiques qui avaient produit, dans la seconde moitié du XVIe siècle, de si terribles commotions, ne s'éteignirent pas sans laisser après elles quelques étincelles qui eussent pu ranimer le feu de la guerre civile. La politique vigoureuse et sévère du cardinal de Richelieu en comprima les effets pendant vingt ans. Tout ce qui lui parut présenter un danger pour la sécurité du pouvoir fut traité par lui en ennemi du pays et en criminel de lèse-majesté. Les forteresses devenues inutiles servirent partout de bastilles où l'on renferma des prisonniers d'État.

Le maréchal de France, Louis de Marillac, qui devait sa fortune au Cardinal, l'ayant trahi en se faisant le principal acteur de la *Journée des Dupes*, fut arrêté et conduit à Verdun, où une commission fut chargée d'instruire son procès. Quoiqu'elle eût été choisie par le premier Ministre, elle jugea cependant que Marillac pouvait être justifié, et l'admit à fournir les preuves de son innocence. C'était presque l'acquitter d'avance. Le Cardinal fit casser l'arrêt et transféra Marillac à Pontoise, pour avoir les juges sous sa dépendance. Richelieu avait acheté le domaine de Pontoise, et c'était même là qu'il projetait de se retirer si la conspiration avait réussi.

Marillac fut enfermé au château pendant quelques mois. Le marquis d'Argouges, trésorier de la Reine-Mère, offrit cent mille écus à M. de Puységur, qui commandait la garnison, s'il voulait laisser échapper son prisonnier ; mais Puységur fut inébranlable. Il prit même les mesures les plus rigoureuses pour prévenir toute tentative d'évasion. Le maréchal était gardé à vue, nuit et jour, par un exempt, un lieutenant des gardes du corps et six archers. Comme il avait sa nièce, fille du garde des sceaux, Michel de Marillac, religieuse aux Carmélites de Pontoise, on poussa la défiance jusqu'à murer les créneaux de la tour qui donnaient du côté du monastère.

Un commissaire du Conseil privé fut envoyé spécialement à Pontoise pour voir où pourraient s'assembler les nouveaux juges désignés pour instruire l'affaire. L'installation du château ne se prêtait guère à ces réunions ; il choisit l'officialité ; mais pour y conduire l'inculpé, pendant les interrogatoires, il fallait traverser plusieurs rues. Le Cardinal craignit un coup de main hardi qui lui eût enlevé son captif. Il ordonna de le conduire à Ruel, dans sa propre maison de campagne, où la Commission se réunit et, non sans peine, finit par condamner à mort, pour concussions commises dans l'exercice de ses fonctions militaires, ce malheureux général, couvert de blessures reçues sous le drapeau de la France pendant quarante années de services, — prétexte dérisoire, mais dont notre histoire présente malheureusement bien d'autres exemples.

Louis de Marillac eut la tête tranchée, en place de Grève, le 10 mai 1632. Sa mémoire fut rétablie solennellement, après la mort de Richelieu, par le Parlement, auquel son puissant adversaire avait soustrait, contrairement aux règles du droit, la connaissance et le jugement de cette affaire. Le cœur du maréchal et celui de sa femme furent déposés dans l'église du Carmel de Pontoise, où celle-ci s'était réfugiée auprès de sa nièce ; la communauté recueillit ainsi, aux jours de la détresse, une famille dont les bienfaits avaient autrefois contribué, dans une grande mesure, à son établissement.

Cet événement dramatique, qui causa partout une vive impression, ne fut pas la seule émotion réservée aux Pontoisiens pendant les dernières années de Louis XIII.

En 1636, les armées du roi d'Espagne, commandées par le fameux Jean de Wert, ayant pris Corbie, après huit jours de siège, s'avancèrent dans la Picardie et le Vexin jusqu'auprès de la ville. La peur chassa de Paris la moitié des habitants ; on peut juger par là de l'anxiété qui dut régner à Pontoise. Les portes de la ville furent murées, comme au temps de la Ligue, sauf celles du Pont, d'Ennery et du Bart (près Notre-Dame), qui furent confiées à la garde de trois compagnies volontaires formées par les habitants. Les officiers de cette garde nationale furent élus en assemblée publique, à l'Hôtel-de-Ville, le 6 août 1636 : c'étaient, pour la plupart, des notaires, des procureurs, des magistrats, de grands négociants.

Les capitaines s'appelaient Antoine Thiboult, Robert Cossart et Guillaume Fournier ; les lieutenants, Gabriel Dubois, Nicolas Turpin et Gabriel Chevallier ; les enseignes (ou porte-drapeaux), François Le Cousturier, Jean Langlois et Jean Soret.

On enrôla principalement les laquais des grandes maisons, les charpentiers, les maçons, les apprentis ; on réquisitionna les chevaux de luxe ; les gentilshommes reçurent ordre de se trouver tous en armes à Saint-Denis dans les six jours. Cette levée en masse produisit un corps de 50,000 hommes, dont le duc Gaston d'Orléans, frère du Roi, prit le commandement, et qui, en trois mois, chassa l'ennemi hors des frontières.

XXXII

LA PESTE DE 1638

Les maladies contagieuses que rendaient si terribles, au moyen âge, l'extrême agglomération des habitants dans des logements étroits, et l'absence presque générale des précautions d'hygiène et de salubrité, visitèrent souvent Pontoise. Sous Charles VIII, les comptes de l'Hôtel-Dieu restèrent dix ans sans être apurés, parce que trois receveurs successifs étaient morts de la peste. Le drapeau noir, qui indiquait les points contaminés, flotta trois fois, dans le cours du XVIe siècle, sur les portes de la ville, et Taillepied fait l'éloge du dévouement des sœurs hospitalières, « qui ne craignaient pas de se mettre en danger de mauvais air, » en soignant ou en ensevelissant les pestiférés, et en purifiant les maisons atteintes par le fléau. La Municipalité désignait un confesseur, un médecin et un barbier (ou chirurgien) spécial pour « les malades de peste. » Le prêtre et le docteur avaient un logement écarté, dans la Tour du Friche, située vers l'emplacement actuel du pont du chemin de fer ; on leur donnait, sous Henri IV, une pension annuelle de cent livres, doublée ou triplée en temps d'épidémie.

En 1623, après une accalmie de trente ans, la peste reparut à Pontoise et y fit pendant trois années d'assez grands ravages. Les habitants obtinrent alors, à la suite d'un procès, que les religieuses de l'Hôtel-Dieu leur abandonneraient le clos de Montjavoult (aujourd'hui Beaujour) pour y installer une maison de refuge qui prit le nom d'*hôpital Saint-Louis*, et dont une rue conserve encore le nom.

La plus cruelle et la dernière apparition du fléau eut lieu en l'année 1638. « La peste, lisons-nous dans le registre des délibérations municipales (1), s'espandit en tous les cantons de la ville et des faulxbourgs, que de mémoire d'homme ne s'en estoit vu une si eschauffée, tellement qu'il mourut bien douze cents personnes, et y en eut deux mille en danger. La ville demeura toute déserte l'espace de trois mois ; et y fut apresté un si bon ordre par les officiers, eschevins et syndic, que les pauvres n'eurent point de nécessité. Et pour apaiser l'ire (la colère) de Dieu, le peuple de Pontoise avoit adressé ses prières à la Vierge sa mère, par un vœu solennellement fait en la Chambre de Ville, dans le mesme temps de la peste par les eschevins et syndic entre les mains de Monsieur le Grand Vicaire.... et sans autre aide que les prières on bannit et chassa la plus grande partie des frayeurs, et à l'instant et tout à coup la peste cessa sans que jamais y eut une maison infectée. »

Par ce vœu, la Municipalité promettait d'offrir à l'église Notre-Dame une statue d'argent de la valeur de six cents livres, et de placer l'image de la Vierge aux trois principales entrées de la ville. Ces statues liminaires ont été rétablies en 1856, par les soins d'une commission dirigée par M. Soret de Boisbrunet, président du Tribunal.

Les habitants s'engageaient aussi à offrir trois cierges votifs aux fêtes de la Nativité et de l'Immaculée Conception, et à faire abstinence la veille de cette dernière fête.

Le texte du vœu, daté du 28 août 1638, est transcrit sur une plaque de marbre noir conservée dans l'église Notre-Dame et porte la signature de tous les fonctionnaires et notables de Pontoise. La première procession anniversaire eut lieu le 16 septembre 1640 ; l'ordre en fut réglé par le P. Gabriel Cossart,

(1) Folio 99. — Archives de la Ville.

pontoisien. Toutes les corporations y figuraient, avec leurs bannières, leurs emblèmes et leurs devises. On en compte en en tout vingt et une : celles des savetiers, des paveurs, des vignerons, des jardiniers, des telliers (tisseurs de toile), des serruriers, des cordonniers, des pâtissiers, des vanniers, des mariniers, des mégissiers, des menuisiers, des potiers d'étain, des bouchers, des tailleurs, des tonneliers, des architectes, des marchands de soie, des merciers-épiciers, des drapiers et des arbalétriers.

Le vœu de Pontoise a été renouvelé en grande pompe, en **1726**, par Mgr de Caulet, évêque de Grenoble, et en **1838**, par Mgr Blanquart de Bailleul, évêque de Versailles.

XXXIII

FONDATIONS MONASTIQUES

Nous avons parlé plus haut des chanoines de Saint-Mellon, des bénédictins de Saint-Martin, des augustines de l'Hôtel-Dieu, des bernardines de Maubuisson, des cordeliers ou frères mineurs. Les moines du Bec, en Normandie, célèbre congrégation de l'ordre de Saint-Benoît, avaient eu, dès le XIe siècle, un prieuré à Pontoise, dont l'église, dédiée à saint Pierre, devint l'une des paroisses de la ville. Pontoise posséda, sous saint Louis, une maison de guillemites ou blancs-manteaux, et, au XIVe siècle, un béguinage, qui disparurent assez vite.

Mais c'est surtout la fin du XVIe siècle et le commencement du XVIIe qui virent éclore dans la ville ou aux alentours une quantité de couvents, dont, pour la plupart, il ne reste d'autre souvenir que le nom.

Les *Mathurins*, ou Trinitaires, s'établirent en 1579 dans l'Hermitage de Saint-Michel, autrefois occupé par des reclus dont le plus ancien connu, Jean Dupin, mourut le 20 octobre 1504. Ces religieux avaient pour objectif principal le rachat des captifs, car, à cette époque, les pirates musulmans, algériens ou turcs, infestaient la Méditerranée et s'emparaient souvent de vaisseaux marchands, dont ils pillaient les biens et dont ils capturaient l'équipage. Ces brigandages n'ont définitivement cessé que depuis la conquête d'Alger sous Charles X. Les Mathurins recueillaient des aumônes pour la rançon des prisonniers retenus dans les pays barbares, et souvent même ils les faisaient échapper en se mettant aux fers à leur place. En 1700, ils purent ainsi ramener dans leur patrie soixante-six Français arrachés à l'esclavage, et dont le passage à Pontoise fut l'occasion de manifestations enthousiastes. Le couvent des Mathurins forme aujourd'hui la propriété de Mme Deraismes.

Les *Capucins* furent installés, en 1604, par le cardinal Pierre de Gondi, évêque de Paris et abbé de Saint-Martin, dans la maladrerie de Saint-Ouen-l'Aumône, qui existait dès 1260; ils y sont restés jusqu'à la Révolution. Les revenus dépendant de cet ancien hôpital furent, comme nous l'avons vu, affectés pendant assez longtemps à l'entretien du Collège.

Les *Jésuites* obtinrent de Henri IV, par la faveur de son confesseur, le P. Cotton, l'autorisation de fonder à Pontoise une maison d'éducation. Ce fut seulement dix ans plus tard qu'ils commencèrent à réaliser ce projet, en achetant à l'Hôtel-Dieu les terrains où fut élevé, en 1700, par ordre du P. de la Rue, le bâtiment occupé aujourd'hui par la Recette des Finances. Les Jésuites ne purent toutefois, par suite des obstacles qu'y mit le Parlement, ouvrir leur collège ni prendre la direction de celui de la ville : ils se bornèrent à conserver à Pontoise une résidence dont ils furent chassés par l'édit de suppression de leur ordre, rendu en 1762.

Les *Ursulines*, congrégation vouée à l'éducation des jeunes personnes, furent dotées en 1614, par le cardinal de Joyeuse, archevêque de Rouen, de 24,000 livres de rente, pour l'entretien de douze maîtresses. Ce n'était alors qu'une association laïque qui s'était formée depuis quinze ans. En 1616, elles furent agrégées à l'ordre des Ursulines. Leur église, dédiée en 1635, a été démolie de nos jours pour compléter le percement de la voie principale conduisant à la gare.

La communauté des *Bénédictines anglaises*, fondée à Bruxelles en 1597, par des réfugiées catholiques que la persécution d'Élisabeth avait obligées à quitter leur pays, vint enfin se fixer à Pontoise, après diverses vicissitudes, en

1658, sur l'appel de lord Walter ou Gautier de Montaigu, abbé commandataire de Saint-Martin, leur compatriote. Grâce à ses libéralités, qui montèrent à plus de 70,000 livres, et à celles de plusieurs seigneurs anglais, elles bâtirent dans le quartier Notre-Dame un couvent et une église que la Révolution a fait disparaître. Seul le moulin des *Anglaises* conserve le souvenir de cette maison, autrefois peuplée par les enfants des plus illustres familles de la Grande-Bretagne.

Le *Carmel* de Pontoise, qui subsiste encore, fut le second monastère de la réforme de sainte Thérèse créé en France en 1605 ; il eut pour principale fondatrice Mme Acarie, veuve d'un capitaine de la Ligue, qui y prit l'habit sous le nom de Marie de l'Incarnation et y mourut le 18 avril 1618. Elle a été béatifiée par Pie VI en 1791. Ses reliques, transportées à Nucourt, au début de la Révolution, par les soins du comte de Monthiers, profanées par des agents de la Convention, ont été retrouvées dans le cimetière de Nucourt et ramenées à Pontoise en 1822. Les Carmélites étaient déjà rentrées en possession de leur couvent (devenu *bien national* en 1792), en l'échangeant contre la belle propriété de M. Le Vasseur de Verville, qu'elles donnèrent à la Ville et dont celle-ci a fait la Sous-Préfecture et le Jardin public. Le Carmel de Pontoise est la seule communauté cloîtrée qui subsiste dans cette ville, où se trouvent en outre aujourd'hui des représentants de deux congrégations enseignantes : les Frères des Écoles chrétiennes et les Dames de la Compassion, — et de deux ordres de religieuses hospitalières : les sœurs de Saint-Paul, de Chartres (à l'Hôtel-Dieu), et les sœurs de Bon-Secours, de Troyes.

XXXIV

LA FRONDE

Ce mouvement politique, dirigé contre l'administration du cardinal Mazarin pendant la minorité de Louis XIV, commença par la Journée des Barricades, motivée par l'arrestation de deux présidents au Parlement, Potier de Blancmesnil et le pontoisien Broussel, principaux instigateurs des manifestations d'opposition de ce grand corps judiciaire (26 août 1649). Le prince de Conti se mit, avec Turenne et la plupart des autres princes français, à la tête des mécontents; il mit le siège devant Paris et s'empara de Pontoise, de Meudon, de Montlhéry, de Corbeil et de Saint-Cloud, pour couper les vivres à la capitale. Arrêté l'année suivante par ordre de la Reine, le prince de Conti fut interné au Havre et délivré à la suite d'un arrêt du Parlement, qui bannissait le Cardinal. A son retour de captivité, le prince, en arrivant à Pontoise, y trouva un nombre infini de gens de qualité venus pour le féliciter. Le 5 mars 1652, le duc d'Elbeuf, un des généraux du Roi, traversa Pontoise avec ses troupes et logea dans les faubourgs. Après le combat de la porte Saint-Antoine, où la grande Mademoiselle fit tirer le canon de la Bastille sur les troupes royales, Louis XIV prit la résolution de se retirer à Pontoise et d'y transférer le Parlement, le 7 août 1652. Une partie seulement des conseillers, ayant à leur tête le président Molé, obéit à cet ordre; les membres restés à Paris déclarèrent, de leur côté, qu'ils constituaient le véritable Parlement. Une infinité de pamphlets, connus sous le nom de *Mazarinades,* virent le jour ; on y stigmatisait les *réprouvés* et les *ânes rouges* de Pontoise, devenu *Pont aux Oisons ;* on y racontait des aventures aussi apocryphes que grotesques ; on supposait des arrêts burlesques contre les insectes parasites qui dévoraient les exilés ; on travestissait les actes de ceux-ci en les transformant en « plaisantes singeries. » Toutes ces brochures, dont on compte plus de dix-huit cents, contribuèrent beaucoup à donner une seconde acception, non plus lugubre, mais simplement ridicule, au proverbe dont nous avons parlé plus haut : *Avoir l'air de revenir de Pontoise.*

Louis XIV et la Reine-Mère séjournèrent à Pontoise près de deux mois et demi. Le Cardinal, pensant avec raison que sa retraite était nécessaire à la paix, quitta Pontoise et la Cour pour se retirer au château de Bouillon, le 19 août. Paris accueillit avec joie la nouvelle de son départ. Le 19 septembre, le Roi, accoudé à la balustrade du château, vit arriver par le pont, escortés de 150 cavaliers, les députés des six corps de marchands, venus pour lui demander de rentrer dans sa bonne ville de Paris. Cette arrivée fit sensation. On alla prévenir la Reine, qui était aux vêpres aux Carmélites ; elle revint aussitôt en carrosse au château. « Il fut décidé, après conseil, que le lendemain, lundi, vers midi, on donnerait audience aux députés des Parisiens ; la matinée fut employée par ceux-ci à des visites aux principaux personnages du Parlement, qui les reçurent fort bien et leur expliquèrent les motifs qui pouvaient encore retenir loin de Paris le Roi et son Conseil. Vers midi, les marchands se réunirent dans le jardin des Cordeliers et se rendirent de là, en corps et en robe, au château. Ils furent introduits dans ce qu'on appelait la *Galerie neuve,* partie restaurée depuis peu de l'antique édifice, et là attendirent une demi-heure le Roi, qui était à la messe de midi. Enfin le Roi parut, accompagné de la Reine-Mère, des ducs d'Anjou et de Vendôme, du chancelier, du garde des sceaux, du surintendant des finances et d'autres officiers de la Couronne. La relation de l'entrevue est assez touchante et témoigne de l'affection sincère que portaient à leur souverain les dignes représentants du commerce de Paris ; on leur répondit par ce qu'on appellerait aujourd'hui des paroles *bien senties*, mais peu concluantes, et tout en les remerciant de leur démarche, M. de Saintot, introducteur des ambassadeurs, les fit sortir par une autre pièce du château, et ils furent reconduits aux Cordeliers par le comte de Nogent, qui les assura que *tout irait à leur contentement* dans l'avenir. »

En effet, le Roi rentra dans Paris le 21 octobre, promulgua une amnistie générale et réunit dans une séance solennelle tous les parlementaires, aussi bien ceux qui l'avaient suivi à Pontoise que ceux restés à Paris, qui ne reçurent ni reproches, ni réprimandes. Les chefs de la Fronde firent successivement leur soumission, et le Cardinal, rappelé lui-même à la Cour le 3 février 1653, continua à gouverner jusqu'à sa mort, en 1661.

Pendant leur séjour à Pontoise, ses hôtes royaux comblèrent la ville et les habitants de libéralités et de faveurs de toute nature. Les pauvres reçurent de larges aumônes. Le prévôt-maire, le prévôt en garde et plusieurs autres citoyens furent anoblis : un brevet de conseiller d'État fut donné au lieutenant général, Charles de Monthiers.

Louis XIV ne revint pas à Pontoise depuis cette époque. Marly, puis Versailles absorbèrent tout le temps que les séjours à Paris et les expéditions militaires lui laissaient. Mais nous ne devons pas oublier d'indiquer qu'avant de faire à Pontoise cette longue résidence, Louis XIV, presque enfant, s'y était rendu avec sa mère, pour passer chez les Carmélites la fête de sainte Thérèse, en 1648. Une réception brillante leur fut faite : la Reine, installée dans un appartement du monastère, y trouva un splendide festin préparé par les soins du chancelier Séguier, frère de la prieure, la Mère Jeanne de Jésus. Anne d'Autriche affectionnait ce monastère, où elle était venue déjà, en août 1645, prier devant le tombeau de

Marie de l'Incarnation. Elle voulut lui laisser un témoignage de son second passage, et fit délivrer des lettres lui confirmant le titre de fondation royale, qui entraînait avec soi de nombreux privilèges. Comme les religieuses, réunies, lui exprimaient leur reconnaissance, la Reine cherchait des yeux une sœur converse dont elle aimait la rare bonhomie ; l'ayant aperçue : « Eh bien, ma sœur Marguerite, lui dit-elle, êtes-vous contente ? Ne vous manque-t-il plus rien ? — Madame, répondit la Carmélite avec sa naïveté accoutumée, il nous faudrait un peu de sel pour saler notre marmite, afin que notre Mère ne nous dise plus que nous en employons trop. — Oui, ma bonne sœur, reprit la Reine, vous aurez du sel et vous prierez pour moi. » Et aussitôt elle fit donner ordre d'accorder à ce monastère son *franc-salé* (l'exemption des droits de gabelle).

Tandis que les religieuses étaient en récréation, Anne d'Autriche leur avait présenté le jeune Roi. Louis XIV avait alors dix ans. Les Carmélites aussitôt de lui offrir leurs hommages. Mais le jeune prince, sans les regarder, se jette au loquet d'une porte, badine seul et finit par bouder. « Voyez comme il fait beau voir le Roi, dit la Reine-Mère en le gourmandant vertement ; il badine, il boude, il ne dit mot ! » Piqué de ce reproche, l'enfant-roi frappe du pied, fronce le sourcil et s'écrie avec humeur : « Je parlerai quelque jour si haut que je me ferai bien entendre. »

XXXV

PONTOISE SOUS LOUIS XIV

Le contre-coup des désastres de la guerre, des lourdes charges qu'elle laissait après elle, et des fléaux que nous avons retracés dans un chapitre précédent, réduisit la cité pontoisienne à une situation déplorable. Le règne de Louis XIV, si brillant dans son ensemble, fut loin d'être pour la ville une période de splendeur et de prospérité. Dès 1653, le grand nombre des gens réduits à la mendicité obligea les habitants de décider la fondation d'un hôpital pour y enfermer et y nourrir les indigents, et d'une manufacture pour donner du travail aux enfants pauvres de Pontoise et de Saint-Ouen-l'Aumône.

En 1658, une calamité nouvelle atteignit tous les quartiers bas, qu'il fallut évacuer pour échapper à une crue subite de la Viosne : la chapelle du cimetière de l'hospice, fondée par Jean de Pontoise, évêque de Winchester (1280-1304), s'écroula, ainsi que plusieurs autres maisons. L'église Notre-Dame se trouva tellement inondée qu'il fallut, non sans péril, enlever les vases sacrés en traversant avec de longues bottes un sol dont les dalles, soulevées par l'eau, avaient entr'ouvert les tombes et les caveaux funéraires.

Les Pontoisiens, accablés par une série de malheurs, avaient encore à supporter la charge de l'entretien des prisonniers de guerre (il y en eut à plusieurs reprises, durant la

Fronde, jusqu'à 90 nourris aux frais de la ville), et d'une garnison composée de trois brigades de gardes du corps, commandées par M. de Charost.

La détresse était si grande, qu'un procès-verbal, dressé par quartiers, en 1669, constate que, dans le cœur de la ville, cent soixante-deux maisons étaient abandonnées, la plupart ruinées ou abattues, sans compter celles dans le même état qu'on pouvait voir dans les faubourgs. La ville, ainsi dépeuplée, avait à nourrir 200 gardes du corps, auxquels il fallait donner de plus le feu et la chandelle, et fournir le vin et le fromage à 20 % au-dessous des cours de la halle; le taux en étant fixé par ordonnance du roi, la ville devait supporter la différence. De plus, la création d'une foule d'offices emportant l'exemption des tailles et que le Trésor vendait pour se faire des ressources, diminuait d'autant le nombre des têtes sur lesquelles il fallait répartir les contributions extraordinaires: en comparant le rôle des tailles de 1668 à celui de 1665, on constatait une diminution de ressources de plus de 4,000 livres: la municipalité, criblée de dettes qui montaient à 95,000 livres, se trouvait hors d'état de satisfaire aux charges publiques, à l'entretien des fontaines et aux besoins les plus urgents.

Les exigences de la garnison avaient pris d'ailleurs un caractère vexatoire qui soulevait la conscience publique, irritée de plus par l'inconduite et l'immoralité des soldats. Des émeutes eurent lieu; les échevins Nicolas Villot et Etienne Gruel furent arrêtés par lettres de cachet et traduits devant le Conseil d'État qui, le 9 octobre 1666, les acquitta et les rétablit dans leurs fonctions. A la suite de cet incident, la ville obtint le déplacement de la garnison, qui fut envoyée à Mantes.

Cette satisfaction, qui, avec la destruction de la citadelle commencée par ordre d'Henri IV au sommet de la ville, mit fin au rôle militaire de Pontoise, était insuffisante à remédier aux souffrances financières de la cité. En 1705, les habitants obtinrent du roi la suppression des *tailles* ou impôt de répartition, et leur remplacement par un *tarif d'octroi* perçu sur les marchandises entrant dans la ville. Les *exemptés* y furent soumis comme les autres, ce qui aboutit à annuler en fait leur privilège. Ce tarif, reconnu insuffisant après la première gestion décennale de M. de Beaujour, secrétaire du roi, qui s'en était gracieusement chargé, — fut augmenté en 1715. La ville avait grand besoin de ces ressources, car les remparts ayant cessé d'être entretenus, Louis XIII avait supprimé l'ancienne *aide* de 20 deniers tournois sur chaque minot de sel vendu à la gabelle de Pontoise, qui leur avait été concédée par Charles VII et qui avait été portée depuis au chiffre énorme de 13 sous 4 deniers. Par suite de cette suppression, la ville n'avait plus droit qu'à une rente de 215 livres sur le domaine de Pontoise, pour l'entretien du pavé de la route royale et des ponts-levis.

Louis XIV continua vis-à-vis de Pontoise les mêmes errements et consomma l'abandon de la ville par le retrait de toutes les anciennes faveurs royales. En août 1669, il transféra à Saint-Germain la maîtrise des eaux et forêts établie à Pontoise dès le XVe siècle ; le siège de la lieutenance de maréchaussée fut transporté à Beauvais. Le Collège, comme nous l'avons vu, fut dépouillé de ses biens ; enfin, à l'exception d'une apparition de la reine Marie-Thérèse aux Carmélites en 1677, les souverains et la famille royale oublièrent définitivement le chemin de Pontoise.

La situation déplorable des finances municipales explique l'âpreté que les échevins mirent, à plusieurs reprises, à défendre certains droits lucratifs ou à les disputer à d'autres. Un des exemples les plus frappants de cet état d'esprit est fourni par l'un des épisodes de la lutte judiciaire entreprise par la municipalité contre l'Hôtel-Dieu, au sujet de la perception des droits de *havage*. Ce procès fut gagné inespérément par la ville en 1681, grâce à l'intervention, toute puissante alors, du cardinal de Bouillon, abbé de Saint-Martin, seigneur engagiste de Pontoise, et provoqua de la part des habitants les manifestations les plus extrêmes de joie et d'hostilité.

Voici comment les archives de l'Hôtel-Dieu rapportent les faits :

« Le samedi 22 mars, les échevins ayant apporté de Saint-Germain la nouvelle du gain de leur procès, le lieutenant général, qui était à table, sortit avec sa serviette en main pour ordonner un feu de joie devant sa porte, qu'il alluma lui-même, et, comme marguillier de Saint-Maclou, envoya faire sonner toutes les cloches, ordonnant en même temps que l'on sonneroit toutes les autres cloches de toutes les paroisses et églises de la ville, des fauxbourgs, et des villages voisins, que l'on tirât les couleuvrines, canons et autres armes du château, et que l'on fît des feux de joie par toute la ville... On environna l'hôpital et toute la maison, même au-delà de la rivière (qui était alors trop grosse pour qu'on pût approcher de ce côté là), avec des cris et des clameurs de sédition populaire, et en même temps on tiroit à balle sur les religieuses, on crioit qu'il falloit les brûler et les noyer, ces diablesses de plaideuses, qu'il y avoit assez longtemps qu'elles mangeoient leur bien, tous criant : Vive le Roy et Monsieur le cardinal de Bouillon ! Et, pour donner courage aux habitants, on fit défoncer deux muids de vin. La maison étoit toute en feu... les pauvres malades crioient et pleuroient dans leurs lits... et cette sédition populaire dura depuis dix heures du soir jusqu'à cinq heures du matin. »

XXXVI

ILLUSTRATIONS SCIENTIFIQUES ET ARTISTIQUES

Le XVIIe siècle fut, pour Pontoise, une époque particulièrement féconde en illustrations scientifiques.

Plusieurs familles fournirent successivement à l'Université et au monde savant un certain nombre de sujets distingués. Au premier rang, il faut citer une famille d'avocats, les Duval, auxquels plus tard Louis XV concéda le droit de s'appeler Duval de Vaucluse, et qui avaient pour devise : *Lauri plus quam auri (plus d'honneur que d'argent)*. André Duval, né en 1564, fils de ce Robert Duval qui fut délégué auprès de Charles IX par la ville de Pontoise, fit des études si brillantes à la Sorbonne, que Henri IV le choisit pour occuper la chaire de théologie qu'il venait de fonder. Duval s'y distingua par une extrême vigueur, et entreprit contre un de ses confrères, Richer, des luttes de doctrine qui amenèrent bientôt de véritables batailles universitaires. Il mourut, en 1634, doyen de la Sorbonne ; ce fut sur ses instances que Richelieu ordonna de bâtir l'édifice destiné à recevoir les élèves de ce célèbre établissement, et qu'il en confia la construction à l'architecte pontoisien Jacques Le Mercier.

Robert Duval, neveu d'André, lui succéda comme professeur de théologie en Sorbonne, et devint supérieur général de l'ordre du Carmel en France, dont son oncle avait été l'un des fondateurs ; il mourut le 20 novembre 1653.

Robert Cuvernon, autre neveu d'André Duval, fut après lui doyen de Sorbonne après avoir été professeur de philosophie au collège de la Marche ; il mourut en 1670.

Guillaume Duval, leur cousin, mort en 1656, professeur de philosophie au Collège royal, fut en même temps médecin de Louis XIII et doyen de la faculté de médecine de Paris. Il a laissé un commentaire sur Aristote, une Vie des Médecins anciens et modernes, et des traités sur l'histoire naturelle.

Antoine de Machy, fils du prévôt-maire Charles de Machy, fut aussi docteur de Sorbonne et curé de Sainte-Geneviève des Ardents, titre qu'il résigna à son cousin Robert Duval; il mourut en 1652, et légua 4,000 livres à Saint-Maclou.

Robert Guériteau, mort en 1644, docteur en théologie et curé de Mantes, fonda les Ursulines de cette ville et leur légua tous ses biens.

Jean Coqueret, né en 1592, mort en 1655, principal du collège des Grassins, supérieur du Carmel, refusa, comme André Duval, les plus hauts postes de l'épiscopat, et même le titre envié de confesseur du cardinal de Richelieu. Il fut l'intime ami de saint François de Sales et de saint Vincent de Paul, et leur coopérateur dans leurs fondations religieuses.

Gabriel Cossart, fils d'un avocat du roi au bailliage, entra dans la Compagnie de Jésus, devint professeur de rhétorique au collège de Clermont et se rendit célèbre, moins par ses poésies latines, pourtant fort estimées de ses contemporains, que par sa collaboration à la fameuse collection des conciles, entreprise par le P. Labbe, et qui ne comprend pas moins de dix-sept volumes in-folio. Il mourut en 1674. Il y a tout lieu de croire que Jacques Cossart, bachelier en théologie, inventeur du premier système de sténographie imprimé en France en 1651, appartenait à la même famille pontoisienne.

Jacques Charton, aussi supérieur du Carmel, grand pénitencier de l'église de Paris, fut pendant dix ans l'un des quatre membres du Conseil ecclésiastique du Roi avec le cardinal Mazarin, le chancelier Séguier et saint Vincent de Paul; il mourut à 72 ans, en 1660. Son neveu, du même nom que lui, fut après lui chanoine et grand-pénitencier de Paris, et mourut en 1686.

Noël Le Blond, professeur de théologie au collège de Navarre, curé de Saint-Leu à Paris, mort en 1697, fut l'un des principaux bienfaiteurs du Collège de Pontoise, auquel il fit un don de quinze mille livres.

André Chevillier, mort en 1699, docteur et bibliothécaire de Sorbonne, est l'auteur d'un curieux traité sur l'origine de l'imprimerie.

Enfin, dans le courant de ce siècle, un certain nombre d'ecclésiastiques distingués, originaires de Pontoise, reçurent aussi le brevet de docteur en philosophie ou en théologie; il serait trop long de les énumérer ici. Nous avons cité dans l'introduction Jean Deslyons et Louis Duval, qui ont écrit des ouvrages. Ajoutons à leurs noms celui d'Hippolyte Féret, mort en 1677, auteur d'une *Histoire de l'Antiquité et prééminence du grand-vicariat de Pontoise*, dont il était titulaire; il devint plus tard vicaire général de l'archevêque de Paris.

Pour compléter cette liste, nous citerons deux poètes : Jean du Nesme, pontoisien, auteur de plusieurs pièces relatives, pour la plupart, aux guerres de la Ligue, qu'il dédia à Henri IV en 1598, et de poèmes religieux parus sous le titre de *la Rédemption du Monde*, en 1606; — et Julien, prévôt de Pontoise, auteur d'un recueil de poésies mythologiques publié en 1683. Nous signalerons encore la part considérable prise dans le mouvement artistique du règne de Louis XIII et du commencement de Louis XIV par une famille d'architectes pontoisiens : les Le Mercier, dont le membre le plus célèbre, Jacques, architecte du roi, construisit la Sorbonne, une partie du Louvre, l'église Saint-Roch, l'hôtel de la Rochefoucauld, l'escalier de Fontainebleau, et plusieurs autres monuments de moindre importance. Jacques Le Mercier mourut en 1660.

Il n'est pas démontré que le graveur Pierre Daret, mort en 1671, soit, comme on l'a dit, né à Pontoise.

Nous ne pouvons passer sous silence, bien que les résultats n'en aient pas été extrêmement brillants au point de vue de l'art, l'école de peinture religieuse formée, dans l'abbaye de Maubuisson, par la Princesse Palatine, Louise-Hollandine de Bavière, qui gouverna ce monastère de 1664 à 1709. Cette princesse, élevée à La Haye, avait reçu des leçons des meilleurs peintres de l'école hollandaise ; elle s'échappa de son pays en 1657, pour se rendre en France où elle abjura le protestantisme. Sa vie fut consacrée à la charité et aux bonnes œuvres. Elle faisait don des tableaux qu'elle peignait aux églises pauvres : on en retrouve jusque dans la Haute-Normandie. Sa meilleure toile, fort estimée d'ailleurs, était une allégorie de la Justice, qu'elle offrit à la Cour des comptes et qui fut anéantie dans l'incendie de 1734.

XXXVII

ANDRÉ BLANCHARD

André Blanchard, fils d'un simple vigneron du faubourg Notre-Dame, avait obtenu une bourse au Collège de Pontoise, lorsque, par suite d'une incartade juvénile, il fut obligé de s'expatrier. Il s'engagea dans la carrière des armes, désireux de se faire tuer ou de faire oublier sa faute. Grâce à l'observance exacte de ses devoirs et de cette obéissance à la discipline qui est la première vertu du soldat, Blanchard, quoique roturier, conquit rapidement ses grades ; il devint colonel, maréchal de camp et maréchal de la cavalerie légère de France. Louis XIV l'anoblit, le fit baron de Saint-Martin-la-Laye et de Villiers-le-Blot et commandeur de Saint-Louis. Il fit plus encore, il lui confia le gouvernement de l'Hôtel des Invalides.

Blanchard fut l'un des bienfaiteurs les plus généreux de tous les établissements charitables de la ville où il avait pris naissance dans un si modeste milieu. Par son testament, daté du 21 avril 1693, il légua à l'Hôtel-Dieu de Pontoise, mille livres de rente sur les aides et gabelles de Paris ; à l'Hôpital général des Pauvres Enfermés, quinze cents livres de rente sur l'Hôtel-de-Ville de Paris ; au Collège de Pontoise, cinq cents livres de rente, et mille livres à Notre-Dame, sa paroisse natale.

Le Carmel de Paris, qui eut une large part de ses bienfaits, lui fit élever un cénotaphe, car il avait choisi sa sépulture dans les caveaux des Invalides. Sur ce monument on lisait cette épitaphe :

Passant, qui que tu sois, songe qu'il faut mourir,
Que tes jours sont comptés et qu'à l'heure dernière,
Tu n'auras pour te secourir
Que tes vertus et la prière.
Peux-tu vivre tranquille, incertain de ton sort?
Tremble pour ton salut, ouvre les yeux et prie !
SAINT-MARTIN ne serait pas mort
Si la valeur pouvait éterniser la vie.
Aussi fidèle à Dieu que fidèle à son Roi,
Il fit de son long âge une suite de gloire ;
Tu vois son nom écrit au Temple de Mémoire ;
Crains Dieu, médite et prends cet exemple pour toi.

André Blanchard mourut le 20 février 1696. Ses traits ont été conservés dans un médaillon du mausolée qui lui fut élevé dans la chapelle (aujourd'hui la grande salle d'études) du Collège de Pontoise.

XXXVIII

LES ASSEMBLÉES DU CLERGÉ

Le Clergé de France qui, dans l'ancienne organisation politique, était regardé comme le premier des ordres de l'État, s'assemblait fréquemment, sous l'autorité du Roi, pour traiter des matières ecclésiastiques ou pour ordonner des impositions. Les assemblées générales se tenaient d'ordinaire tous les dix ans, mais elles étaient souvent convoquées extraordinairement, lorsque les besoins du Trésor ou de graves circonstances le réclamaient. Elles se composaient de quatre délégués par métropole, deux du premier ordre (les prélats), qui siégeaient en rochet et en camail, et deux du second ordre (bas clergé), qui revêtaient l'habit long et le bonnet carré. Les sessions avaient ordinairement lieu à Paris : cependant le Roi pouvait indiquer d'autres villes. Pontoise fut choisi à plusieurs reprises dans le courant du XVIIe siècle. Quatre assemblées générales et trois assemblées provinciales s'y succédèrent en moins de trente ans. Le vaste réfectoire des Cordeliers, dont l'installation avait été utilisée déjà par les États généraux en 1561 et par le Parlement en 1652, servait de salle des séances.

La première assemblée, celle de mars 1656, s'occupa notamment des dissensions théologiques qu'avait fait naitre la publication des ouvrages de Cornel Janssen ou Jansénius, évêque d'Ypres, et du docteur Antoine Arnauld, sur des questions fort subtiles de dogme et de métaphysique auxquelles peu de personnes étaient en état de comprendre quelque chose. Au fond de tout cela se trouvait une pensée de réaction austère et rigoriste dans le sens de l'esprit protestant contre les tendances attribuées aux casuistes de la Compagnie de Jésus, de rendre la religion trop aimable et la morale trop aisée. Le monastère de Port-Royal, où vivaient dans la retraite un certain nombre d'écrivains distingués, en tête desquels il faut citer Pascal, était le foyer du mouvement contre lequel s'élevaient les hauts dignitaires de l'Église. Les religieuses de Port-Royal, animées des mêmes sentiments, les avaient introduits dans plusieurs célèbres abbayes dont on leur avait confié la réforme. Elles dominaient entièrement à Maubuisson, que dirigeait une des leurs, Marie des Anges Suireau : femme d'une piété profonde, mais étroite et ennemie des arts ; charitable et de mœurs très sévères, mais hautaine et opiniâtre, elle devint abbesse de Port-Royal à son tour, après la Mère Angélique. Elle laissa dans ces deux maisons un esprit d'indépendance et d'insoumission à l'autorité qui amena, en 1709, la destruction de Port-Royal, et qui aurait anéanti non moins sûrement Maubuisson, puisque, au moment de la Révolution, pour mettre fin à l'état de révolte ouverte de la communauté contre ses abbesses, le recrutement de ce dernier monastère était prohibé depuis dix ans déjà par ordre royal.

La bourgeoisie pontoisienne, dont presque toutes les familles avaient, comme nous l'avons vu, des sorbonistes parmi leurs membres, prit une grande part à ces luttes, surtout dans la seconde moitié du XVIIIe siècle, et le jansénisme y compta, notamment dans la magistrature, d'ardents et nombreux partisans.

Au moment où s'ouvrit l'assemblée de 1656, Antoine Arnauld, frère de la Mère Angélique, venait d'être exclu de l'Université par un vote de la faculté de théologie, pour avoir soutenu que les cinq propositions condamnées par le Pape et les Évêques ne se trouvaient point dans les œuvres de Jansénius, et Pascal commençait la publication de ses *Lettres provinciales*. L'assemblée du clergé, inquiète de la marche des idées, essaya vainement d'enrayer l'opposition en stipulant qu'un formulaire anti-janséniste serait imposé, sous peine d'exclusion, à tout le corps ecclésiastique. Quatre ans plus tard, une nouvelle assemblée tenue à Pontoise à la fin de 1660, quelques jours après l'arrêt ordonnant que les *Provinciales* seraient brûlées par la main du bourreau, étendit l'obligation de signer le formulaire aux religieuses, aux principaux de collège et aux maîtres d'école. La peine religieuse était le refus de l'absolution et l'interdiction des sacrements, même des honneurs funèbres : mais une telle désobéissance aux ordres du Souverain Pontife, du monarque et de l'épiscopat entraînait d'autres périls dans l'ordre des choses temporelles. Aussi Arnauld et ses amis déclarèrent qu'ils considéraient cette mesure comme l'équivalent du rétablissement de l'Inquisition.

L'exécution de la décision prise par les deux assemblées de Pontoise était, à l'égard des femmes, d'une difficulté inouïe. On ne tarda pas à s'en rendre compte, quand, après trois ans de négociations et de démarches multipliées, Mgr de Péréfixe, archevêque de Paris, se heurtant au refus catégorique des religieuses de Port-Royal de signer le formulaire, s'emporta jusqu'à leur dire : « Vous êtes pures comme des anges, mais orgueilleuses comme des démons, » et ne put enfin trouver d'autre expédient que de faire exiler l'abbesse et douze de ses compagnes. Aussi, quand les prélats se réunirent de nouveau en 1665, la salle des Cordeliers de Pontoise vit-elle s'élever une opposition appuyée par quinze évêques, demandant qu'on retirât le formulaire. L'attitude du clergé gallican était d'autant plus embarrassée, qu'il se voyait entre deux feux : le Parlement s'arrogeait à tout moment le droit de légiférer dans les questions exclusivement confessionnelles, et le Vatican regardait de mauvais œil les réunions quinquennales qui prenaient peu à peu la forme d'un Concile permanent, où le Pape n'était représenté par personne.

Cependant Alexandre VII ayant approuvé le formulaire par une bulle solennelle, que le roi fit enregistrer au Parlement, l'autorité prit des mesures coercitives, dispersa les solitaires de Port-Royal, en envoya quelques-uns à la Bastille et ouvrit une instruction criminelle contre quatre évêques accusés d'hérésie. La résistance ouverte ne put se continuer dans de telles conditions, et grâce à d'habiles négociations dirigées par le nouveau pape Clément IX, les évêques menacés, ainsi que le docteur Arnauld, firent une soumission publique à la bulle. Une médaille fut frappée en mémoire de cette paix, en 1669 : mais les esprits étaient loin d'être calmés. Ce fut toutefois sous l'empire de cette apparente tranquillité que s'ouvrit à Pontoise la quatrième assemblée tenue dans cette ville par le clergé de France, en 1670. Elle mérite dans notre histoire une mention toute particulière, car c'est au cours de cette session, le 21 décembre, que fut sacré dans l'église aujourd'hui détruite des Cordeliers, Jacques-Bénigne Bossuet, précepteur du dauphin, évêque nommé de Condom, et l'une des plus grandes gloires de l'église gallicane.

XXXIX

LE PARLEMENT EXILÉ EN 1720

Aux dernières et sombres années du règne de Louis XIV venait de succéder, avec la Régence, une ère d'agitation, d'insouciance et de plaisir. Au milieu de l'animation d'un peuple qui cherchait à s'étourdir sur ses désastres passés et sa misère présente, un étranger, l'écossais Law, vint jeter la fièvre de la spéculation. Les hommes sages n'eurent pas de peine à prévoir quelles seraient les suites de ce brillant *système* inventé par le hardi financier, auquel le monde doit cette source féconde de ruines qui se nomme l'agiotage. Le Parlement fit une opposition qui l'honore à l'implantation du nouveau régime du crédit, destiné à amener un rapide et incessant bouleversement des fortunes ; il refusa d'enregistrer les édits qui mettaient aux mains de Law non seulement les ressources de l'État, mais celles des particuliers, à tel point qu'il était interdit de garder chez soi plus de 500 livres en numéraire, sous peine de confiscation.

Le Régent résolut de vaincre cette résistance et de châtier le Parlement. Dubois, sa misérable créature, lui persuada — ce qui ne s'était jamais vu — d'exiler ce grand corps à Pontoise, que Dubois connaissait pour y avoir été, quelques semaines auparavant, le 9 juin 1720, sacré, à la place de Fénelon, archevêque de Cambrai, au scandale de l'Église, à ce même autel des Cordeliers où Bossuet avait reçu l'onction épiscopale.

Des lettres de cachet furent portées le 20 juillet, à trois heures du matin, chez les présidents et les conseillers, dont les principaux furent gardés à vue. Vingt-cinq mille hommes d'infanterie et de cavalerie avaient été rassemblés à Charenton pour appuyer le Coup d'État. Le régiment de Champagne fut chargé de garder Pontoise, où les magistrats, obéissant à la force, s'étaient rendus; les troupes avaient la consigne de tirer sur eux s'ils cherchaient à s'échapper de la ville.

Ce fut encore le couvent des Cordeliers qui revit s'assembler le Parlement. Du réfectoire on fit la grand'chambre; du petit réfectoire le cabinet du premier président; de la lingerie, le Parquet; le cloître du chapitre devint la *tournelle* (chambre criminelle), et la salle de Saint-Bonaventure, la chambre des requêtes.

Le 27 juillet, toutes chambres réunies, le Parlement ouvrit sa session en enregistrant la déclaration de translation, avec des protestations de fidélité, mais aussi avec de respectueuses remontrances.

Puis il reprit ses travaux, mais avec peu d'activité, car les avocats et les procureurs parisiens n'avaient aucun désir de se transporter à Pontoise, où l'encombrement était fort grand. Les magistrats avaient eu grand'peine à trouver des logements chez les bourgeois de la ville, les anciennes hôtelleries étant pour la plupart détruites, et regrettaient vivement leurs spacieux et confortables appartements de Paris.

Seul, le premier président, M. de Mesmes, avait une installation véritablement princière. Il occupait le château de Saint-Martin, propriété du duc d'Albret, Emmanuel-Théodose II de La Tour d'Auvergne, neveu du cardinal de Bouillon.

Ce magnifique domaine, en partie composé des dépendances de l'ancien monastère, avait été l'objet d'une sorte de passion de la part du Cardinal, au temps de sa faveur. Il l'avait embelli à grands frais par des terrasses qui subsistent encore, et par des travaux hydrauliques rivalisant avec ceux de Versailles. Le Nôtre avait dessiné les jardins avec un goût admirable. Quand tout cela fut achevé, l'orgueil du Cardinal lui attira la plus terrible disgrâce; Louis XIV le bannit de la Cour, avec défense de s'en approcher à moins de trente lieues, lui interdisant ainsi la jouissance de cette demeure chérie, que l'infortuné ne put désormais apercevoir que de loin. Le Cardinal mourut en exil, à Rome, six mois avant Louis XIV, en mars 1715. C'est dans la résidence élevée par ses soins que s'établit le premier président. Il y tint table ouverte tous les jours, pour toute sa compagnie, avec une splendeur et une profusion quasi royales, et cela aux dépens mêmes du Régent, dont il obtint plus de cent mille écus pour les frais de sa maison. Les fêtes et les spectacles se succédaient à Saint-Martin : au retour des vacances, M. de Mesmes profita de son séjour à Pontoise pour y faire célébrer, le 15 décembre, au milieu d'une pompe extraordinaire, le mariage de sa fille avec le duc de Lorges ; tout le Parlement y assista en robes rouges, et le secrétaire d'État, M. de la Vrillière, apporta de la part du roi, à la mariée, un collier de diamants de 200,000 livres (1).

Deux jours après, le Parlement fut rappelé à Paris, ayant donné au Régent un témoignage de soumission en enregistrant un édit condamnant l'appel au futur Concile fait par l'Université de Paris contre la bulle *Unigenitus*. C'était, à ce qu'on pensait alors, le dernier coup officiellement porté au jansénisme. Law, écrasé par l'effondrement de son système, venait d'être exilé à Guermande, d'où il s'évada pour s'enfuir en Belgique. Il mourut misérablement à Venise en 1729.

(1) Quelques années plus tard, en 1724, une autre fête nuptiale eut lieu à Saint-Martin. Le duc d'Albret y célébra les noces de son second fils, Godefroy de la Tour d'Auvergne, avec la veuve de son fils aîné, la princesse Sobieska, petite-fille du roi de Pologne Jean Sobieski.

La famille de Bouillon conserva la terre de Saint-Martin jusqu'en 1752 ; elle vendit alors au prince de Conti, moyennant 100,000 livres, ce domaine dont les seuls jardins avaient coûté plus de deux millions. Dès 1749, le duc de Bouillon avait cédé au prince, moyennant 60,000 livres, le domaine de Pontoise, resté hors des mains du roi depuis 1578, date où François, duc d'Anjou, frère de Henri III, qui l'avait en apanage, l'engagea pour 6,000 livres à Nicolas Aublin, sieur de Favelles.

XL

SECOND EXIL DU PARLEMENT EN 1753

Les querelles du jansénisme, que les entreprises financières de Law avaient un moment endormies, reprirent de plus belle dans la seconde moitié du règne de Louis XIV. C'était d'ailleurs un prétexte commode, sous lequel se manifestait l'agitation qui régnait dans tous les esprits, remués par les souffles précurseurs de la Révolution. L'opinion publique était extrêmement émue du refus des sacrements et de la sépulture religieuse, que le clergé de France avait décidé d'infliger à toute personne qui n'aurait pas fait adhésion publique à la bulle *Unigenitus*. Tous les corps judiciaires s'élevèrent contre cette excommunication générale des jansénistes, et poursuivirent les prélats et les prêtres accusés d'avoir refusé l'extrême-onction et le viatique aux malades suspects d'hérésie et non munis d'un billet de confession régulier. Le Parlement de Rouen ordonna la mise en arrestation de l'évêque d'Évreux, l'un des promoteurs de la croisade anti-janséniste, et prononça la confiscation de ses biens. Le Parlement de Paris ayant adressé au Roi, à plusieurs reprises, des remontrances que Louis XV refusa d'entendre, décréta, le 5 mai 1753, de rester en permanence et de suspendre le cours de la justice jusqu'à ce que le souverain donnât audience à ses délégués. Aux lettres de jussion royales leur enjoignant de reprendre leurs travaux, les chambres assemblées répondirent par un refus d'obtempérer qui constituait un défi absolu à l'autorité royale. Alors commencèrent les mesures de rigueur : le Parlement fut dispersé et plusieurs conseillers emprisonnés dans des forteresses. A cette attitude offensive du pouvoir, la grand'chambre, organe principal du corps parlementaire, seule maintenue en fonctions, répondit en s'associant unanimement au reste de la Cour et en décrétant de prise de corps les curés de Paris inculpés de refus de sacrements ou de sépulture. Le 11 mai, à quatre heures du matin, des lettres de cachet étaient remises à tous les magistrats, leur ordonnant de se transporter à Pontoise. Aussitôt cette nouvelle connue, tout ce qui se rattachait à l'ordre judiciaire partit pour la campagne, en sorte que près de 20,000 personnes émigrèrent tout d'un coup de Paris pour n'y rentrer qu'à l'hiver.

Le premier président, M. de Maupeou, vint s'établir à Saint-Martin, et, comme son prédécesseur, y tint table ouverte pour ses collègues. On remit en état le couvent des Cordeliers, et la ville étant par sa situation en amphithéâtre et ses rues alors très étroites d'un accès difficile aux voitures, le roi fit mettre à la disposition des conseillers douze chaises à porteurs pour les conduire au Palais. Toutefois, les présidents avaient amené leurs équipages et ne sortaient chacun qu'avec deux carosses à six chevaux et une nombreuse livrée. Les somptuosités de 1720 recommencèrent. Pendant ce temps, aucune affaire n'était plus expédiée, et tous les procès privés restaient en souffrance. Le gouvernement, inquiet de voir cet état de choses se prolonger, chargea le prince de Conti, venu tout exprès s'installer dans sa terre de Vauréal, à côté de Pontoise, de négocier un arrangement : on ne demandait au Parlement qu'un simulacre d'obéissance, la simple ouverture d'une audience civile, pour le rappeler à Paris. Un instant on crut réussir, et les propositions du roi furent soumises à l'assemblée des magistrats ; mais l'opposition triompha, et elles furent rejetées par 26 voix contre 18, au grand chagrin du prince de Conti, qui partit aussitôt pour l'Isle-Adam.

On recourut alors à un autre expédient : une *chambre*

royale fut constituée à Paris pour remplacer le Parlement; mais, comme il était aisé de le prévoir, celui-ci se souleva, refusa d'enregistrer les lettres patentes et rendit un arrêt flétrissant la nouvelle institution. Le Châtelet, juridiction criminelle, se mit en conflit avec la Chambre royale, et suspendit ses fonctions.

Le Parlement, les vacances finies, se disposait à revenir à Pontoise et les préparatifs étaient faits pour y célébrer la *messe rouge* (la messe de rentrée, ainsi nommée parce que la Cour y assistait en robes écarlates) lorsqu'intervint, le 7 novembre, un ordre du roi aux membres de la grand'chambre, de se rendre à Soissons *sans fonctions*. Ils ne furent rappelés à Paris que le 4 septembre 1754, à l'occasion de la naissance de Louis XVI.

On préludait ainsi, par ces escarmouches, à l'assaut qui devait être donné par le chancelier Maupeou, en 1771, au pouvoir judiciaire, par la suppression pure et simple des offices de président et de conseiller au Parlement. Toutes les anciennes assises de l'édifice social s'effondraient ainsi l'une après l'autre, à l'approche de temps nouveaux.

XLI

LA VIE MUNICIPALE AU XVIIIe SIÈCLE

On se tromperait grandement si l'on pensait que les séjours exceptionnels des grands corps religieux ou politiques à Pontoise contribuaient en quelque manière à la prospérité de la ville. Cette affluence inopinée de consommateurs n'eut pour résultat que d'amener le renchérissement des vivres et l'extension éphémère du commerce, suivie bientôt d'une plus profonde décadence. La ville dépeuplée ne comptait avec ses faubourgs d'Ennery, de Notre-Dame et de l'Hermitage, que 4,610 habitants en 1777 ; encore comprend-on dans ce chiffre le personnel des hôpitaux et des couvents, environ 160 personnes.

La municipalité, comme nous l'avons vu, était très pauvre et écrasée par de lourdes charges. Bien que la garnison permanente eût été supprimée, les passages de troupes se succédaient sans cesse, et les logements militaires pesaient d'un poids très lourd sur les finances communales. Le Collège, tombant en ruines, dut être reconstruit en 1754 ; la ville y consacra 20,000 livres ; et, l'année suivante, il lui fallut en dépenser 40,000 pour la réfection totale des conduites d'eau qui, depuis le XVIe siècle, alimentaient la ville à l'aide d'une dérivation de l'excellente source de Busagny. L'architecte Pierre Fontaine, en même temps ingénieur distingué, dirigea ce travail et refusa les honoraires que lui offraient ses concitoyens.

L'entretien des rues, favorisé par l'abondance de l'eau, fut de bonne heure l'objet des préoccupations municipales. En 1730, une assemblée de notables, « voulant nettoyer les rues et procurer la salubrité de l'air et la santé des citoyens, » décida l'établisssement d'un tombereau attelé de deux bons chevaux et garni d'une sonnette, pour l'enlèvement des boues et fumiers provenant des balayures de la ville. On confia aux pauvres vieillards, pensionnaires de l'hospice, le soin de ce service, qui devait se faire au moins trois fois par semaine, le lendemain des jours de marché. La sollicitude de l'administration alla jusqu'à faire sabler toutes les rues de Pontoise pendant le séjour du Parlement en 1753.

La ville avait, dès le commencement du XVIIe siècle, un messager attitré, portant une casaque aux couleurs municipales (mi-parti rouge et petit-gris). Il faisait deux fois par semaine, les lundis et vendredis, le voyage de Paris avec un *coche* clos et couvert, contenant huit places. En 1634, ce service fut rendu journalier ; le prix du transport était de 25 sols et fut porté plus tard à 40 sols. Les registres municipaux sont remplis de plaintes contre les fermiers du coche, auxquels on reprochait notamment d'avoir de si mauvais chevaux, qu'il restait jusqu'à dix et douze heures en route. En 1729, l'hôtelier du *Dauphin*, au faubourg de l'Aumône, fut accepté comme messager, sur l'engagement qu'il prit « de fournir un bon carrosse à huit places, attelé de six bons chevaux, en sorte qu'il puisse faire le chemin de Pontoise à Paris en cinq heures et demie, moyennant 3 livres par personne, et 30 sols seulement dans le panier, outre les droits ordinaires pour les ballots (les bagages), à 6 deniers (1/2 sou) par livre pesant. »

Les assemblées de notables, qui délibéraient sur toutes les affaires importantes, et notamment procédaient à l'élection du corps échevinal, se tenaient dans la *halle au beffroi*, située à côté de la geôle et de l'auditoire royal, en face de l'église Saint-Maclou : c'est là que, suivant la tradition, se trouvait une ancienne cloche portant ce vers, imitant le son du tocsin :

Unda, unda, unda, unda, unda, unda, unda, accurrite cives.

Ce bâtiment, étroit et obscur, ne convenait plus aux habitants. Pour les satisfaire, le prince de Conti, seigneur engagiste de Pontoise, fit généreusement élever à ses frais, en 1779, un Hôtel-de-Ville dont la façade, assez monumentale, sert aujourd'hui d'entrée au passage qui conduit au Jardin public. Cet Hôtel-de-Ville fut abandonné lorsque, sous le second Empire, on acheta la propriété des Cordeliers, où sont établis actuellement les services municipaux.

La ville de Pontoise avait pour devise, à la fin de l'ancien régime : *Deo Regique fidelis*. Au XIIIe siècle, à l'origine de la Commune, ses armes étaient : *d'azur au pont de cinq arches, chargé d'un Y dans l'arche du milieu, surmonté d'un château fort hexagonal à la herse fermée, sommé d'un donjon carré à trois créneaux flanqué de deux tours jointes par des entremurs ; le tout d'argent, ouvert, ajouré et maçonné de sable, sur une rivière au naturel, accompagné en chef de deux fleurs de lis d'or surmontées de deux molettes d'éperon de même.* Les fleurs de lis indiquaient que Pontoise était une des bonnes villes du royaume, et les molettes d'éperon que la charge de maire conférait le rang d'écuyer. Plus tard, au XVe siècle, la forme du sceau fut simplifiée : on ne laissa subsister que le pont, les fleurs de lis et les trois tours, terminées en poivrières pavoisées de drapeaux. Telles sont encore les armes officielles de Pontoise ; mais, depuis la Restauration, le pont n'a plus que trois arches.

XLII

LA MISÈRE A PONTOISE SOUS LOUIS XVI

La seconde moitié du XVIIIe siècle fut pour Pontoise une époque féconde en malheurs.

Les inondations de la Viosne, insuffisamment canalisée, détruisirent, pendant l'hiver de 1757, une partie du quartier Notre-Dame, construit encore sur le sol primitif, à une profondeur de près de deux mètres au-dessous du sol actuel. Une relation des échevins nous a conservé le tableau le plus déchirant des circonstances et des suites de cette catastrophe.

En 1767, dans la nuit du 25 novembre, à trois heures du matin, un quartier de roche se détacha du massif du château et vint écraser plusieurs maisons, heureusement sans accident de personnes : mais on fut obligé de démolir les maisons situées au-dessus du lieu de l'accident et de faire exécuter de grands travaux de terrasse et de consolidation, toujours aux frais de la ville. Dans une population misérable comme était alors la classe ouvrière, dont les anciennes institutions protectrices et corporatives avaient disparu ou perdu leur puissance sociale sous l'action de la fiscalité, la disette pouvait faire aisément des ravages ; aussi la fin du règne de Louis XV fut-elle signalée par des émeutes et par des pillages commis sur le marché de Pontoise par les affamés.

La douloureuse année 1788 mit le comble à la misère

du pays (1). Le terrible ouragan du 13 juillet anéantit, sous des torrents de grêle, la plus belle récolte de toute espèce qu'on eût vue depuis plusieurs années ; il s'étendit sur 1,039 villages, de la Touraine aux Flandres, et causa pour plus de *vingt-cinq millions de livres* de dégâts. Sur ce chiffre, Pontoise figure pour près de 220,000 livres, dont 150,000 livres pour les ruines faites dans la ville seulement. La vitesse de l'orage était de seize lieues et demie à l'heure, la durée de son passage fut de sept à huit minutes, pendant lesquelles une obscurité profonde succéda tout d'un coup à un jour encore brillant (il était huit heures et demie du soir). Les grêlons, dont le moindre était gros comme un œuf de pigeon, pesaient jusqu'à 250 grammes. Les moissons furent complètement hachées et les arbres arrachés ou rompus. La trombe de grêle du 12 août 1875, qui brisa la rosace et l'orgue de Saint-Maclou, et causa tant de ravages dans les jardins et les parcs, a pu donner à nos contemporains une idée très atténuée de la catastrophe de 1788.

Malgré les efforts les plus louables faits à l'envi par l'autorité royale, l'administration provinciale et municipale, l'initiative privée et la charité publique, les funestes suites de l'ouragan ne purent être conjurées. La destruction des récoltes, dans la presque totalité des régions productrices, amena la disette et bientôt après une épouvantable famine.

Le défaut de moyens de communications avec l'étranger rendait presque impossible les approvisionnements extérieurs; le Trésor acheta cependant pour 40 millions de blé au dehors, interdit l'exportation des céréales, doubla les primes à l'importation : tout fut inutile; les trois quarts du royaume n'avaient, comme le fertile Vexin, que du pain pour la consommation d'un tiers de l'année.

A cette calamité générale vint s'ajouter un nouveau fléau. Le *grand hiver* de 1788-1789 fut d'une rigueur inouïe. La Seine gela sur tout son parcours, de Paris au Havre : la

(1) M. Seré-Depoin, président de la Société Historique du Vexin, en a retracé les péripéties dans son ouvrage : *Trois catastrophes à Pontoise*.

Manche était couverte de glace. Le sol disparaissait sous une couche de neige qui atteignait 65 centimètres d'épaisseur. Le bétail mourait de froid dans les étables. La détresse était inexprimable ; la plus grande partie des habitants de Pontoise était réduite à la mendicité, et dans les campagnes, la maréchaussée arrêtait les paysans prévenus d'avoir acheté des armes dans le dessein de se procurer du blé à force ouverte. Le Bureau de bienfaisance de Pontoise, en cinq mois et demi, délivra 45,000 livres de pain et près de 1,000 livres de viande, sans compter les distributions de semences aux cultivateurs sans ressources, qui s'élevèrent à plus de 2,500 francs. En juin 1789, la distribution s'arrêta, non plus faute d'argent, mais faute de blé : on dirigeait tous les convois de vivres et tout ce qu'on pouvait tirer des greniers sur Paris, où l'exaspération était extrême. C'est au milieu de ces circonstances dramatiques qu'éclata la Révolution.

XLIII

L'ACADÉMICIEN JOSEPH DE GUIGNES

Né à Pontoise le 19 octobre 1721, Joseph de Guignes fit ses études dans cette ville et entra, au sortir du Collège, en qualité d'élève chez l'illustre Fourmont, professeur de langues orientales au Collège de France. Il travailla douze ans avec son maître, mais ses progrès dans l'histoire et la littérature des peuples asiatiques avaient été si rapides, que, dès 1741, ayant vingt ans à peine, il fut nommé interprète à la Bibliothèque du Roi. L'année suivante, Louis XV, auquel on avait parlé des espérances que donnait le jeune de Guignes, se le fit présenter et lui accorda une pension de 1,000 livres à titre d'encouragement. L'Académie des Inscriptions et Belles-Lettres, qui connaissait ses travaux, quoiqu'il n'eût encore fait imprimer aucun ouvrage, l'admit parmi ses membres en 1754. Il ne tarda pas à justifier ce choix en publiant, de 1756 à 1758, l'*Histoire générale des Huns, des Turcs, des Mogols et des autres Tartares occidentaux*, en cinq volumes in-4°. La rédaction d'un tel ouvrage exigeait un immense et pénible travail qui faillit lui coûter la vie. Il rétablit à grand'peine sa santé épuisée par l'étude, grâce aux soins dévoués de sa jeune femme, Mlle de Gassonville, qu'il avait épousée en 1754. Au cours de cette publication, il fut nommé professeur au Collège de France; il s'y consacra principalement à l'étude de la langue et des antiquités chinoises. Il publia, en 1770, la traduction du *Chou-King*, un des cinq livres sacrés de la Chine, et prépara un grand dictionnaire de la langue de ce pays. Il a fait renaître en France, par des travaux spéciaux, la typographie orientale, créée par les soins de François Ier, et que les étrangers possédaient exclusivement depuis environ deux siècles. Il y parvint en retrouvant et en classant les poinçons des caractères orientaux que Savary de Brèves, ambassadeur de Henri IV à Constantinople, avait rapportés en France, et qui s'étaient égarés et confondus. Ils comprenaient sept alphabets : arabe, turc, persan, syriaque, arménien, hébreu et chinois ; Joseph de Guignes apprit lui-même aux ouvriers à s'en servir.

La Révolution fit perdre à Joseph de Guignes sa pension et presque toute sa modeste fortune. Il supporta vaillamment les privations et mourut le 22 mars 1800, avec la résignation d'un croyant et la sérénité d'âme que donne la pratique constante de la vertu. Il laissait un fils qui s'établit à Canton, où il continua les études paternelles, en qualité de correspondant de l'Institut.

L'éloge de Joseph de Guignes, dont nous avons extrait ce qui précède, a été publié dans le tome XLVIII des *Mémoires de l'Académie des Inscriptions*.

XLIV

LE GÉNÉRAL LECLERC

Victor-Emmanuel Leclerc naquit à Pontoise le 17 mars 1772 ; c'était le quatrième enfant de Jean-Paul Leclerc, conseiller au grenier à sel, et de Marie-Louise Musquinet, fille d'un conseiller en l'élection de Pontoise. Ses parents lui firent faire ses études à l'Université de Paris. Il avait dix-neuf ans quand, en 1791, l'Assemblée nationale ayant fait appel aux engagements volontaires, il fut l'un des premiers à s'enrôler. Élu lieutenant par ses compatriotes, il fut envoyé au siège de Toulon, où il gagna les épaulettes de capitaine, et malgré son extrême jeunesse (il n'avait pas encore vingt et un ans), il fut investi des fonctions de chef d'état-major général de l'aile gauche de l'armée. Il répondit à ce choix en enlevant une position considérable, le fort Faron : et Barras, alors représentant du peuple, témoin de sa bravoure, le nomma sur le champ de bataille adjudant général chef de bataillon. De ce moment data la liaison de Leclerc avec Bonaparte.

Envoyé en 1794 à l'armée des Alpes, il sut se maintenir sur le Mont-Cenis, dans un poste périlleux, par un hiver presque aussi rigoureux que celui de 1788, en conservant la discipline parmi des troupes qui manquaient de tout. Nommé commandant de Marseille, il rétablit l'ordre dans cette ville, déchirée par des luttes fratricides; et le 3 mai 1796, il partit pour rejoindre Bonaparte à l'armée d'Italie. Il prit une part active aux victoires d'Arcole et de Rivoli, fut nommé général de brigade le 6 mai 1797, et épousa, à Milan, quelques jours après, Pauline Bonaparte, la plus jeune des sœurs de Napoléon, et l'une des plus belles femmes de son temps.

Leclerc quitta l'armée d'Italie, dont Bonaparte l'avait nommé major général, pour se rendre dans l'Ouest, où se préparait une campagne contre l'Angleterre. Cette entreprise ayant été abandonnée, Leclerc revint à Paris, où le Directoire le nomma chef de division le 26 août 1799.

Au retour de Bonaparte, son jeune beau-frère se trouva à ses côtés pour appuyer le coup d'Etat du 18 Brumaire. On l'envoya ensuite à l'armée du Rhin; il emporta brillamment la ville de Landshut, résidence de l'archiduc Ferdinand, et fut chargé du commandement de trois divisions pour entamer une campagne contre le Portugal. Mais bientôt après, la paix s'étant faite avec ce pays, Bonaparte chargea Leclerc de se rendre à Saint-Domingue avec une armée, pour pacifier cette colonie, dont la population nègre, sous la conduite de Toussaint-Louverture et avec le concours secret de l'Angleterre, avait secoué la domination française. Pauline Bonaparte voulut accompagner son mari dans cette expédition lointaine. L'escadre commandée par le fameux amiral Villaret-Joyeuse, et composée de 74 bâtiments de guerre, transportant 43,000 hommes, était placée sous les ordres de Leclerc, investi des fonctions de capitaine général. Elle arriva devant la ville du Cap le 5 février 1802, et le débarquement ayant été retardé par suite d'un dissentiment entre le chef de la marine et celui de l'armée, la flotte, obligée par les vents contraires de regagner le large, eut la douleur d'assister, pendant cette manœuvre, à l'incendie de la ville et au massacre des blancs. Un acte aussi atroce accompli par les lieutenants du dictateur noir, ne pouvait qu'être suivi de représailles sanglantes. Une guerre d'extermination commença, sous un climat dévorant, dans un pays inconnu, hérissé d'embûches, contre des hordes de sauvages à demi-nus, armée bizarre, dont les officiers portaient des éperons d'argent, sans souliers et sans bas.

Leclerc réussit à pacifier la colonie, fit interner Toussaint-Louverture dans une résidence appelée Ennery (créée sans doute par une famille originaire de cette commune limitrophe de Pontoise), et désarma 45,000 nègres. La colonie pouvait être regardée comme reconquise, quand, au mois d'août 1802, un fléau terrible, la fièvre jaune, s'abattit sur l'armée et la décima en quelques jours. 24,000 hommes périrent; 7,000 étaient mourants dans les hôpitaux, quand, le 1er novembre, le capitaine général, accablé de chagrin et de fatigue, succomba à l'épidémie. En apprenant la mort de son vaillant beau-frère, on assure que le premier consul s'écria : « J'ai perdu mon bras droit ! »

Le général ne laissait pas d'enfants de son union avec Pauline Bonaparte, qui se remaria au prince Camille Borghèse, et mourut en 1825, à l'âge de 44 ans. Leclerc avait deux frères qui devinrent l'un préfet et l'autre général de brigade, et deux sœurs qui épousèrent, la première le maréchal Davout, duc d'Auerstædt, prince d'Eckmühl, et la seconde le général comte Friant, commandant des grenadiers à pied de la garde impériale.

La statue de Leclerc, œuvre de Lemot, a été donnée à la ville de Pontoise par la maréchale Davout et placée, en 1869, sur la plate-forme de l'escalier monumental qui conduit à l'église Saint-Maclou.

Une notice biographique a été publiée sur Leclerc par M. de Forges; elle se termine par ce portrait du général, dû à son compagnon d'armes à Saint-Domingue, M. de Norvins :

« La taille du général Leclerc était petite, mais bien prise, » et unissait la force à la grâce ; ses traits étaient agréables, » son regard vif et spirituel, et sa physionomie était pleine » de mouvement et d'expression. Il parlait avec facilité et » portait dans la discussion des affaires une clarté et une » finesse d'aperçus très remarquables. Il était infatigable d'es-

» prit et de corps pour le travail de cabinet..... Sévère jus-
» qu'à l'excès pour lui-même, il était constamment indulgent
» pour les autres, excepté lorsqu'il s'agissait du service;
» mais sa douceur et son affabilité rendaient toujours l'obéis-
» sance facile; le devoir et l'honneur furent la règle de toute
» sa vie. Dans toutes les conditions, la pureté de ses mœurs
» et l'élévation de son caractère l'avaient fait estimer. »

XLV

LA RÉVOLUTION A PONTOISE

Le mouvement de 1789 eut son écho à Pontoise, où la population, cependant, le suivit plutôt que de le devancer. M. de Monthiers, maire royal, résigna ses fonctions après avoir rendu compte de sa gestion dans un mémoire imprimé qui fait le plus grand honneur à son administration sage et réparatrice.

Appelée à élire des officiers municipaux en 1790, la ville mit à leur tête le chevalier Sauvat, monarchiste libéral, et lui adjoignit notamment le docteur Bréchot et le curé de Notre-Dame, l'abbé Aubert, un ardent défenseur du peuple, qui devait plus tard périr dans le massacre des Carmes, le 2 septembre 1792.

A cette administration modérée succéda bientôt une municipalité plus accentuée sous la direction du notaire Piquerel, dont les tendances étaient celles des hommes qui devaient s'appeler un peu plus tard le parti girondin (1791). Puis, après de nombreux changements, on vit apparaître à l'Hôtel-de-Ville de Pontoise, sous la Convention, le citoyen Lacroix, sous lequel la municipalité prit une allure plus nettement révolutionnaire. Quatre-vingts citoyens furent enfermés dans une maison d'arrêt par ordre d'un Comité de salut public exerçant une action toute puissante et redoutée même des pouvoirs publics. (Il existait parallèlement une Société populaire qui s'était substituée, grâce à des épurations multipliées, à la Société républicaine des *Amis de la Constitution*).

Lacroix, dans un mémoire énergiquement motivé, soutint plus tard qu'il était étranger à cette mesure de terreur.

Le 9 thermidor délivra les prisonniers, et, sauf l'abbé Aubert, M. Gohier, membre du Directoire du District, et un ancien officier de la Couronne, M. Hassassin-Longrois, Pontoise ne compta pas de victimes de la guillotine. Les campagnes voisines furent moins épargnées; à Cergy, à Éragny, à Ennery, à Méry et dans nombre d'autres villages, des nobles, des prêtres, des bourgeois et jusqu'à des artisans, périrent sur l'échafaud.

La chute de Robespierre fut le signal d'une vive réaction municipale. Jean-Baptiste Depoin, ancien conseiller du roi, magistrat distingué, caractère vigoureux et intègre, fut appelé à la direction des affaires. Il fit opérer le désarmement des milices jacobines et rétablit la paix dans la cité.

L'histoire de notre ville n'offre, depuis cette époque, au point de vue politique, aucun évènement absolument saillant jusqu'à la fin de la première République. Mais les détails sur lesquels le cadre de ce travail ne nous permet pas d'insister sont d'un vif intérêt, et il est à souhaiter que bientôt une main habile et compétente mette en œuvre ces innombrables documents.

Par suite de l'aliénation des *biens nationaux*, confisqués sur le clergé, la noblesse et les établissements universitaires ou charitables, la période révolutionnaire a amené à Pontoise la destruction de quatre églises : l'église collégiale de Saint-Mellon, l'église prieurale de Saint-Pierre, l'église paroissiale de Saint-André, l'église conventuelle de Saint-Martin et de tous les monastères existants, sauf le Carmel, qui fut transformé en manufacture d'armes. Maubuisson devint un hôpital militaire, puis une fabrique. Notre-Dame fut convertie en grenier à fourrage; Saint-Maclou, devenu le Temple Maclou, fut réservé aux assemblées publiques, aux fêtes et aux danses populaires.

C'est à cette attribution que l'on doit la conservation du magnifique monument auquel M. Eugène Lefèvre-Pontalis a consacré une magistrale monographie.

XLVI

L'ARCHITECTE FONTAINE

Pierre-François-Léonard Fontaine naquit à Pontoise le 20 septembre 1762. Il était l'aîné de sept enfants et appartenait à une famille où l'architecture était héréditaire : Il fit ses études au Collège, et en sortit à seize ans pour travailler sous les ordres de l'architecte du prince de Conti, André, qui exécutait de grands travaux au château de l'Isle-Adam. Il s'y lia avec le jeune Thibaut, pupille de M. André, qui devint à son tour aussi un architecte habile.

Un jour ces deux jeunes gens, dévorés du désir de voir l'exposition des travaux pour le grand prix de Rome, s'échappèrent avec des échelles de corde, se rendirent à pied à Paris, sans argent; et après une journée de fatigue et de jeûne, ayant vu ce qu'ils souhaitaient, ils revinrent, assez désillusionnés, à l'Isle-Adam où ils arrivèrent brisés et presque mourants. Le jeune Fontaine faillit succomber aux suites de cette escapade; mais elle ouvrit les yeux à son père sur la vocation du jeune homme pour le grand art. Il le conduisit à Paris où, en 1765, Pierre Fontaine fut admis comme élève à l'Académie. Il obtint la même année le second prix du concours d'architecture, dont le sujet était un mausolée pour la famille royale. Son père lui donna alors les 25 louis nécessaires pour le voyage de Rome, et une pension de 400 francs. Il s'y retrouva avec Percier, un peu plus jeune que lui, avec lequel il se lia d'une amitié profonde. A leur retour à Paris, ils furent nommés conjointement architectes de l'Opéra, ce qui les mit à la mode et leur procura une nombreuse clientèle.

Ils eurent l'heureuse fortune d'être chargés de la restauration de l'hôtel de M. Chauvelin situé rue Chantereine (depuis rue de la Victoire), à côté de celui du général Bonaparte, premier consul. Fontaine, mis en rapport par David avec le général, lui suggéra de placer aux Invalides les trophées de drapeaux pris sur l'ennemi, au lieu des statues grecques et italiennes que le premier consul avait eu la pensée d'y mettre. Cette idée fit la fortune de Fontaine. Bonaparte se l'attacha ainsi que Percier, et dès lors il fut chargé de travaux considérables. Outre la restauration des palais, ils élevèrent la Bibliothèque, l'Opéra, le Temple de la Gloire (depuis la Madeleine), le grand escalier du musée du Louvre, etc.

Fontaine conserva sa situation sous Louis XVIII, qui lui demanda les plans de la Chapelle expiatoire de la rue d'Anjou, sous Charles X et sous le gouvernement de Juillet, qui le chargea d'élever la galerie d'Orléans au Palais-Royal et d'agrandir les Tuileries. Il fut nommé membre de l'Institut en 1811, chevalier de la Légion d'honneur par Napoléon, commandeur par Louis-Philippe. Il était membre de toutes les Académies d'Europe et conserva jusqu'en 1849 la présidence du Conseil des bâtiments civils. Il mourut en dessinant, le 10 octobre 1853. Il a laissé cinq ouvrages sur l'architecture.

XLVII

LES TROIS INVASIONS A PONTOISE

Les événements qui se sont produits dans la ville depuis le commencement de ce siècle dans l'ordre civil sont, pour la plupart, d'une nature trop purement locale pour être relevés par l'histoire (1). Dans l'ordre militaire, Pontoise, toujours victime de l'invasion, a été occupé par l'ennemi à trois reprises, en 1814, 1815, en 1870-1871.

Évacué par la garnison française composée de cuirassiers et de fantassins polonais, le 31 mars 1814, Pontoise dut ouvrir ses portes, le 5 avril, à plusieurs corps bavarois et russes, commandés par le baron de Guismar, colonel des gardes de l'empereur Alexandre. Le Conseil municipal, qui siégeait en permanence et s'était adjoint, comme au moyen âge, et vu la gravité des circonstances, un corps de notables pour délibérer avec lui, réussit à empêcher la destruction du pont. Dès le 4 avril, il adhéra à la déchéance de Napoléon, et le 6, le maire, M. Roger d'Arquinvilliers, acquéreur du château et de l'abbaye de Saint-Martin, adressait une proclamation à ses concitoyens pour les engager à accueillir les alliés comme des libérateurs. Un régiment de dragons prussiens installé à Pontoise, sous les ordres de M. d'Arnheim, dut, dès son arrivée, organiser des patrouilles contre les

(1) On peut consulter, à cet égard, l'intéressant et complet travail d'Henri Le Charpentier : *Calendrier historique de Pontoise*.

Cosaques maraudeurs qui se livraient au pillage dans les campagnes, notamment à Auvers et à Saint-Ouen. Le 10 avril, l'artillerie et la cavalerie des alliés traverse Pontoise, y laissant 3,500 hommes ; le 11, 25,000 hommes de troupes campèrent dans la plaine de Saint-Martin. Le duc de Berry fit son entrée, le 20, à 8 heures du matin, par la porte de Rouen. Reçu sous un arc de triomphe orné de drapeaux blancs, il fut reçu par le maire qui lui offrit, à titre de présent, *un quartier de veau* et dix bouteilles de vin, et lui offrit l'hospitalité à Saint-Martin. Le *Te Deum* fut chanté à Saint-Maclou, à trois heures, et le prince partit le lendemain pour Paris. Les troupes alliées se retirèrent peu après. (1)

Elles reparurent à Pontoise le 3 juillet 1815 ; des hussards prussiens, de l'armée de Blücher, se présentèrent dans la ville et exigèrent de fortes réquisitions. Mais ce passage fut accidentel et aucune garnison ne fut alors établie. Pontoise doit à la première invasion le rétablissement de l'octroi, qui fut décidé le 8 avril 1814.

La troisième invasion, dont la plupart de nos contemporains ont gardé un cruel souvenir, a été la plus longue ; elle a duré du 18 septembre 1870 au 26 juin 1871.

Le 14 septembre, le lendemain du départ du bataillon des mobiles de Pontoise, le génie faisait sauter les ponts. Dès le lendemain, les Allemands étaient signalés à l'Isle-Adam, des patrouilles de uhlans venaient reconnaitre le passage de l'Oise, et, le 18, un pont de bateaux lancé par eux permettait au corps d'armée du grand-duc de Mecklembourg de franchir la

(1) La duchesse d'Angoulême, se rendant de Dieppe à Paris, traversa Pontoise le 27 juillet 1814, sans y séjourner.

La duchesse de Berry vint assister, le 6 octobre 1827, à la bénédiction de la chapelle de l'Hospice par Mgr Borderies, évêque de Versailles.

Louis-Philippe fit deux apparitions à Pontoise : l'une le 26 mai 1831, dans la soirée, par une pluie torrentielle ; il se reposa seulement un instant à l'Hôtel-de-Ville ; — l'autre, le 29 août 1841 ; il était accompagné de la famille royale et s'arrêta pour visiter l'Hôtel-Dieu et l'église Saint-Maclou.

Napoléon III, n'étant encore que président de la République, passa en revue, le 15 juillet 1849, à la gare de Saint-Ouen (alors appelée gare de Pontoise), la garde nationale de la ville.

rivière. Le 23, des francs-tireurs ayant surpris un convoi prussien à Stors, le lieutenant-colonel Von Nitchez se présenta avec 1,500 hommes et 3 pièces de canon devant Pontoise, sommant la ville, sous la menace d'un bombardement, de payer une énorme contribution de guerre à titre d'indemnité. Le maire, M. Seré-Depoin, en présence de cette inique exigence, décida de se rendre au quartier général à Saint-Brice et se fit accompagner par M. Vasserot, qui exerçait alors les fonctions de sous-préfet. Le général Von Alvensleben commença par les retenir prisonniers en leur annonçant qu'il les ferait fusiller le lendemain. Il les relaxa néanmoins, mais le 26, des francs-tireurs, conduits par le pharmacien Capron, ayant attaqué un corps prussien près de l'abbaye du Val et tué plusieurs hommes, les Prussiens, après un combat sur les bords de l'Oise, à Parmain, passèrent la rivière à Beaumont, prirent les Français à revers et, les ayant dispersés, massacrèrent notamment le juge d'instruction Desmortiers, âgé de 71 ans, et le jeune Maître, fils d'un cultivateur de Jouy-le-Comte; ils incendièrent, le 30 septembre, trente-deux maisons de Parmain et le château de l'Isle-Adam, appartenant à M. Du Camp, et exigèrent de Pontoise une indemnité de guerre à laquelle il ne fut plus possible d'échapper.

Le corps d'armée du prince Albrecht traversa, le 25 novembre, la ville de Pontoise, alors occupée par le 80e d'infanterie poméranien, remplacé le 4 décembre par le 56e régiment de landwehr. Les habitants durent loger et nourrir, suivant des rations déterminées, les soldats prussiens, moyennant 1 franc par jour et par homme, payé en thalers. Le major Von Strantz fut installé, le 27 décembre, à la tête de la *commandanture* établie à Pontoise et qui y resta jusqu'à la fin de l'invasion.

Cette douloureuse période à coûté à la caisse municipale une somme de 508,000 francs, sans parler des charges écrasantes supportées par les particuliers.

XLVIII

PONTOISE MODERNE

Notre tâche est terminée. Mais avant de quitter les lecteurs que nous avons promenés à travers le Pontoise du passé, nous les convierons à jeter avec nous un coup d'œil rapide sur le Pontoise du présent et peut-être sur celui de l'avenir.

Sa position stratégique d'abord, la faveur royale et l'activité commerciale ensuite, ont fait autrefois la prospérité de la ville. Elle n'a plus guère à compter désormais avec ces divers éléments. C'est au voisinage de Paris, aux facilités de communication exceptionnelles avec « la Capitale » (1), et surtout à sa situation gracieuse et pittoresque sur les bords de l'Oise, à ses points de vue, à ses promenades, qu'elle devra ses accroissements futurs. Il est donc à souhaiter que ses accès soient dégagés par de vastes boulevards et des percées intelligentes pénétrant de toutes parts dans la campagne, à travers ses faubourgs déjà peuplés de cottages élégants. Il est à désirer aussi qu'en compensation des charges de l'octroi, les Parisiens, qu'on voudrait attirer en plus grand nombre, trouvent à Pontoise des distractions et des agréments variés.

Déjà les ressources intellectuelles et artistiques sont abondantes. A défaut d'un théâtre où l'on pourrait jouer les pièces

(1) La gare actuelle de Pontoise a été inaugurée le 1er août 1863. Antérieurement, les habitants devaient aller, en omnibus ou à pied, prendre le train à la gare de Saint-Ouen-l'Aumône, dite alors gare de Pontoise, ouverte le 20 juin 1846. La ligne d'Achères, reliant directement Pontoise à la gare Saint-Lazare, a été construite en 1877.

de Merville (1) et les opéras de Plantade (2), des Sociétés musicales habilement dirigées et qui ne comptent plus leurs succès dans les concours, donnent des concerts, l'été au Jardin de la Ville, et l'hiver dans des salles publiques. Le Cercle de Pontoise, lui aussi, organise pour ses membres des concerts et des bals.

Les conférences deviennent très fréquentes. L'Association philotechnique les a surtout multipliées. Des cours d'adultes sont faits par ses professeurs à l'Hôtel-de-Ville. D'autres Sociétés d'instruction ont pris à cœur de développer diverses branches de l'enseignement technique ou physique (sténographie, gymnastique, tir, canotage), et convient le public à des fêtes attrayantes, concours, festivals ou régates. Deux bibliothèques existent, l'une municipale, l'autre fondée par une Société privée.

La Société historique du Vexin s'est donnée pour mission de recueillir les souvenirs du passé de la ville. Elle a publié notamment la Monographie de l'église Saint-Maclou, le principal édifice de Pontoise. (3)

(1) Pierre-François Camus, dit Merville, auteur comique, né à Pontoise en 1783, mort en 1853.

(2) Compositeur de musique, maître de chapelle de la reine Hortense, puis de Louis XVIII, né à Pontoise en 1768, mort en 1839.

(3) Commencée vers 1150 par la construction du chœur primitif et du déambulatoire (pourtour du chœur) qui subsiste encore, l'église Saint-Maclou a été continuée à diverses époques, notamment au temps des derniers Valois, sous lesquels fut transformé le chœur (1530), furent élevés le bas-côté de droite (1566-1583) et le dôme bâti par Pierre Le Mercier en 1552, pour couronner la tour qui, comme le grand portail, date du règne de Louis XI. La rosace actuelle a été refaite en 1884. Les deux portails latéraux du transept, sur la place du Martroy et sur la rue de l'Hôtel-de-Ville, ont été sculptés au commencement de la Renaissance.

Saint-Maclou possède, dans la chapelle de la Passion, un *tombeau* sculpté d'une beauté exceptionnelle, où le Christ est représenté enseveli par les disciples, en présence de la Vierge et de plusieurs autres personnages, tous de grandeur naturelle.

La même chapelle a conservé de belles verrières du XVIe siècle ; les chapelles qui forment suite, du côté du Martroy, ont aussi gardé quelques anciens panneaux représentant la légende de saint Crépin et l'histoire de Suzanne. Les autres vitraux de l'église sont modernes ; le principal, celui consacré au vœu de 1638, est l'œuvre de Didron.

Saint-Maclou renferme un tableau remarquable : *la Descente de Croix*, original de Jean Jouvenet, peint pour l'église des Jésuites.

L'autre église de Pontoise, Notre-Dame, contient deux souvenirs précieux du XIIe siècle : la statue de la Vierge et le tombeau de saint Gautier, dont nous avons parlé plus haut.

Si les Pontoisiens aiment à se divertir et à s'instruire, le cœur n'y perd rien ; les institutions de bienfaisance ont pris les formes les plus variées, et permettent surtout aux dames d'exercer, vis-à-vis des classes nécessiteuses, leur infatigable dévouement. La charité a d'autant plus à faire que la justice sociale est moins respectée ; toutefois, grâce à ses efforts généreux, Pontoise est peut-être un des points où l'ouvrier a le moins à souffrir de la situation douloureuse et humiliée que lui a faite le capitalisme moderne. D'ailleurs, l'ouvrier est plutôt, à Pontoise, un homme de métier ayant un foyer permanent ; il n'existe, en fait de manufactures, qu'une fabrique de gants. Les usines se sont établies de préférence sur la rive gauche de l'Oise, à Saint-Ouen-l'Aumône.

Nous clorons ce dernier chapitre par quelques indications administratives sommaires.

Au point de vue politique, Pontoise est le chef-lieu d'une sous-préfecture de 1re classe. L'arrondissement comprend huit cantons : Pontoise, Écouen, Gonesse, l'Isle-Adam, Luzarches, Marines, Montmorency et le Raincy, détaché de Gonesse en 1882. La population totale de ses 165 communes, d'après le recensement de 1886, est de 135,000 habitants.

Le Concordat a fait de Pontoise le siège d'un archiprêtré, dont le titulaire est le curé-doyen de Saint-Maclou. La cure de Notre-Dame est inamovible.

Pontoise possède une inspection d'académie, une conservation des hypothèques, une recette des finances, deux recettes de l'enregistrement, une sous-direction des contributions indirectes, une justice de paix. Le tribunal comprend deux chambres et se compose d'un président, d'un vice-président, d'un juge d'instruction, de quatre juges et de deux juges suppléants. Le Parquet comprend un procureur de la République et un substitut. Au Tribunal sont attachés un barreau, une chambre des avoués, une chambre des notaires et une chambre des huissiers. L'armée n'est plus représentée, dans cette ville autrefois si militaire, que par deux brigades de gendarmerie commandées par un capitaine.

TABLE

TYPOGRAPHIE

AMÉDÉE PARIS

A PONTOISE

www.ingramcontent.com/pod-product-compliance
Lightning Source LLC
Chambersburg PA
CBHW071757090426
42737CB00012B/1855